四新经济

新技术、新产业、新业态、新模式

安仰庆◎著

中国商业出版社

图书在版编目（CIP）数据

四新经济：新技术、新产业、新业态、新模式 / 安仰庆著 . -- 北京：中国商业出版社，2021.8
　　ISBN 978-7-5208-1749-3

Ⅰ. ①四… Ⅱ. ①安… Ⅲ. ①新经济—研究 Ⅳ. ① F06

中国版本图书馆 CIP 数据核字 (2021) 第 176195 号

责任编辑：包晓嫱　　佟　彤

中国商业出版社出版发行
010-63180647　www.c-cbook.com
（100053 北京广安门内报国寺 1 号）
新华书店经销
香河县宏润印刷有限公司印刷
*
710 毫米 ×1000 毫米　16 开　13.5 印张　195 千字
2021 年 8 月第 1 版　2021 年 8 月第 1 次印刷
定价：58.00 元
****
（如有印装质量问题可更换）

前 言

回首过去十几年，山河远阔，日月流转，先有消费互联网呼啸而至，后有产业互联网高歌猛进，四新经济搭乘互联网的快车，从来没有停止过勇猛向前。过去十几年，是以移动互联网为代表的四新经济发展的黄金岁月，群雄逐鹿的千团大战、全民扫码的第三方支付、不可或缺的移动电商、风头正劲的短视频、吸粉吸金的偶像经济、如火如荼的直播带货、疫情催生的在线经济、国之重器的中国芯等，都是属于四新经济的独特回忆，我们都是这场历史潮流的见证者和亲历者。

四新经济的概念可以追溯到"新经济"时代，而"新经济"这一名词出现在20世纪90年代，指的是由信息技术革命带动所产生的大量高新技术产业。2008年国际金融危机以后，新经济是指以技术进步为主要动力，在制度创新、需求升级、资源要素条件改变等多因素驱动下，聚焦于科技和产业的新一轮变革。在这一轮变革的引领下，酝酿出新经济的萌芽阶段，亦即四新经济。如果四新经济发展得好，就可能形成一种全新的经济形态。

首先，本书从四新经济的源头出发，梳理了全球新产业革命带来的新经济发展，从而带出四新经济的产生、发展和概念。作为新经济的萌芽，四新经济必将拥有重要的历史位置，受到国家、社会的高度重视。

其次，本书从新技术、新产业、新业态、新模式四个方面，详细阐述了四新经济在整个宏观乃至微观经济世界的表现形式，以及这些创新对人类的影响；用翔实的案例，向读者展示四新经济带给人类社会日新月异的变化。

自然，四新经济也和其他事物一样，并不是完美无缺的，也不可避免地存在这样或那样的问题。在新经济的发展道路上，需要解决四新经济发展面临的困难和阻力，规范四新经济的监管，才能让新一轮产业革命得以健康、持续的发展。

最后，本书列举了我国几个发展四新经济比较突出的省市案例，供读者借鉴和参考。

第一章　四新经济的起源和概念 / 001

第一节　新经济的三大驱动力量 / 002
第二节　四新经济与新经济概念 / 006
第三节　四新经济的本质、意义及之间的关系 / 011
第四节　新产业革命与四新经济发展 / 016
第五节　积极拥抱新经济，加快推进四新经济发展 / 021

第二章　新技术改变人类生活 / 025

第一节　让我们炫目的新技术 / 026
第二节　科技创新引发生活方式大变革 / 035
第三节　从互联网金融看技术创新的影响 / 040

第三章　新产业带动全球经济活力 / 045

第一节　层出不穷的新产业 / 046
第二节　新产业造就创富神话 / 051
第三节　苹果、脸书和特斯拉是如何改变世界的 / 055

第四章 新业态颠覆旧有经济形式 / 061

第一节　不断更新的新业态 / 062
第二节　新业态是对原有经济形式的突破和创新 / 068
第三节　乡村旅游新业态中的生机 / 072

第五章 新模式开启新消费 / 079

第一节　四新经济企业的四种模式 / 080
第二节　新模式下消费者行为的变化和发展趋势 / 085
第三节　10个创新性商业模式大揭秘 / 090

第六章 我国四新经济的发展现状 / 097

第一节　当前经济发展的新常态、新趋势 / 098
第二节　四新经济成为我国经济持续发展的新动能 / 103
第三节　智能经济引领下四新经济呈现新特点 / 106
第四节　制约四新经济发展的关键因素和解决方法 / 110
第五节　四新经济的发展离不开资本助力 / 114

第七章 四新经济的监督与政策扶持 / 119

第一节　四新经济对传统监管方式的挑战 / 120
第二节　发展四新经济重在落实市场和监管主体责任 / 124
第三节　四新经济监管的基本原则 / 128
第四节　四新经济的政策扶持 / 132
第五节　四新经济与战略性新兴产业的区别 / 135

第八章 中国是世界四新经济成长的最佳沃土 / 141

第一节　中国正奔跑在科技创新大国的路上 / 142
第二节　全球最具潜力的市场在中国 / 147

第三节　中国四新经济发展势不可当 / 151

第九章　我们应该如何行动——城市案例 / 155

第一节　全球新产业革命带给我们的启示 / 156
第二节　发达国家和地区促进"四新"发展的现状和经验 / 163
第三节　上海市案例 / 172
第四节　山东省案例 / 178
第五节　浙江省案例 / 184
第六节　安徽省案例 / 190
第七节　江苏省案例 / 195
第八节　成都市新经济发展五六七发展计划 / 203

第一章 四新经济的起源和概念

第一节 新经济的三大驱动力量

进入21世纪以来,世界正在经历新一轮的科技革命和产业变革,科学技术的发展,成为推动人类社会发展的主要力量,创新驱动是大势所趋。目前,科技创新呈现出新的发展态势,形成了以智能制造为核心,以信息技术、生物技术、新材料技术、新能源技术等为辐射的发展势头,带动了以智能化、绿色化、服务化为特征的群体性技术革命,掀起一股巨大的新经济发展浪潮。

综观全球新兴产业及其新模式、新业态的发展,在新的生产力逐渐兴起的浪潮中,技术创新驱动、市场创新驱动和制度创新驱动是背后的根本性推动力量。现实中,这三股驱动力量相互交织,共同推动新产业、新业态、新模式不断涌现。

一、技术创新激发新供给

当前,新一轮工业革命方兴未艾,其推动力仍然是新的科技革命。信息技术革命带动信息产业指数级快速增长,数字化、网络化技术的创新应用和智能化技术创新应用是技术创新的重要表现。

首先是信息技术的指数级增长。特别是过去10年,云计算、移动互联网、大数据、物联网等现代信息技术几乎同时实现了群体性突破,按照摩尔定律呈指数型增长趋势。这一发展趋势使得信息设备变得极快速、极廉价、更小、更轻,综合性能不断提升。

其次是数字化和网络化的普及应用。数字化和网络化使得商业信息的获取、使用、控制以及信息共享方式变得快速和廉价，产生出了真正的商业大数据，创新的发展速度大大加快，应用的范围无所不及。

大数据、云计算、智能互联网等新一代移动信息基础技术的广泛应用，使得不同事物都可通过互联网连接起来，可自动感知、可自动度量、可无线通信、可自动操控，使周围的事物更精确，操控更准确。一场信息革命正在爆发。

最后是集成式智能化创新的产生，意思是使用的是技术而不是最新的创造，但是将这些技术组合起来，就能产生革命性的创新。这种集成式智能化创新是成就第三次工业革命的一个重要驱动力。

苹果系列产品、特斯拉电动汽车产品就是这种集成式汽车智能化产业创新的成功实践典范，通过广泛采用各种最新型的信息系统技术、管理系统技术与设计工具，对各个行业创新技术要素和各个创新产品内容系统进行智能选择、集成和融合优化，形成了智能优势互补和动态融合创新。

在技术创新的理念驱动下，企业以前所未有的全新技术产品和核心服务，创造出新的市场需求和巨大的市场发展空间，即以新的供给方式创造新的需求。比如，特斯拉电动汽车就被誉为"新能源汽车的苹果（公司）"。

二、市场创新开拓新需求

市场创新分为两个部分，一是开辟新的市场，二是控制原材料的新供应来源。开辟新的市场，主要是指开辟地域意义上的新市场，让产品进入以前不曾进入的市场；也是指企业开发出的能满足不同受众需求的新产品；还是指创造出能满足不同消费阶层的品牌市场。

另外，市场创新还可以是各个市场元素之间的排列组合，比如营销手段和营销观念的创新，也是一种市场创新。市场新组合是从微观角度促进已有市场的重新组合和调整，建立一种更合理的市场结构，使得企业更加具备竞争优势和增值能力，这一点正是我国市场经济创新的根本意义所在。

在国内市场需求创新的理念驱动下，企业以全新的运营模式，实现更低运营的成本、更便捷高效的服务、更快速的反应，满足国内市场需求、适应国际市场竞争，即企业围绕市场需求驱动实现有效供给。比如在线打车软件解决了乘客在路边打不到车的难题，将不同区域的乘客和出租车司机的信息整合起来并进行对接，提高了打车效率，既大大减少了部分乘客排队等候的时间，又大大减少了部分出租车空载行驶的时间，满足了打车市场的不同需求。

三、制度创新同时创造需求和供给

从企业生产力和生产关系两个角度分析来看，创新的两个核心内容是企业科技技术创新和企业制度管理创新。从发展历史来看，一个国家"成长—繁荣—衰退"的科技发展生命周期，不仅应该包括前期的相关科学创新、技术创新、技术开发等"科技创新"活动，还应该包括后期相关的社会管理、商业模式和管理制度上的创新，即制度创新。

制度创新本身是社会理论上的创新问题，也是具体的社会实践性创新问题。我们国家一直以来都十分重视制度创新。党的十八届三中全会首次明确提出"推进国家治理体系和治理能力现代化"的重大政治战略目标命题，并把"完善和发展中国特色社会主义制度，推进国家治理体系和治理能力现代化"的重大战略目标——确定下来，成为全面深入地推进和加快深化国民经济体制制度改革的一项总任务。而党的十九届四中全会则从一种新的思想政治观和历史发展角度，提出了与时俱进、完善和坚持促进改革发展的具体政策要求和相关指导意见，进一步激发了国家体制改革创新的内生创新动力。

正是因为有了国家制度创新的驱动，为新兴产业的新业态、新模式的发展提供了巨大的发展空间，既创造了需求也创造了供给。

第二节　　四新经济与新经济概念

四新经济、"新经济"都是当前非常热门的话题,四新经济是新经济的萌芽阶段和重要组成部分,所以只有发展好四新经济,才有可能进入新经济的繁荣。总体来讲,两者之间存在以下关系。

一、四新经济是一种新的经济形态

四新经济具体指代的是新技术、新产业、新业态、新模式。"四新"经济指的是一种新型的经济形态。

新技术指的是可实际推广、替代传统应用和形成市场力量的新技术。例如,3D打印、物联技术、云计算、储能技术、机器人、M2M、高温超导材料、智能驾驶、可穿戴设备等。

新产业指的是以新科学发现为基础,以新市场需求为依托,引发产业体系重大变革的产业。举例来说,互联网产业就是新产业的一种,它引起了世界产业体系的巨大冲击和变革,填补了一大部分的市场需求。

新业态指的是伴随信息技术升级应用等,从现有领域中衍生叠加出的新环节、新活动。新阶段下,在卫星定位技术、移动通信技术的快速发展之后,汽车服务业带动了导航、车载信息、车联网等新的增值服务业这些衍生的新经济活动,便是新业态。随着移动终端普遍应用,移动互联网在其领域中推出类似位置服务的新应用。在社会经济领域中,海量的数据挖掘和分析形成了大数据应用服务业。

新模式指的是以市场需求为中心，打破原先垂直分布的产业链及价值链，实现传统产业要素重新高效组合。如制造业与服务业相互融合，发展生产性服务业，制造业平台化而衍生出的平台经济模式、联盟经济模式等。四新经济的新模式正是建立在"互联网+"平台上，是对传统产业的改造升级，是现阶段工业园区中大部分产业转型发展的目标。

二、四新经济和新经济具有不同的内涵及侧重点

首先，新一代技术主要是泛指科学与技术各个方面不断创造性的革新，例如，空间物理学技术和移动互联网信息技术等；新一代产业则是泛指通过充分运用新一代技术，以新时代的市场需求为主体依托，衍生而来的新一代产业，如人工智能、新一代清洁能源等。新业态主要是指在新科技和新行业的引导和带动下，从我国现有的领域中衍生或者相互叠加而来的新环节、新活动；新模式则是指以消费者和市场需求关系作为发展的中心，打破了原先的产业链和价值链，重新实现了各个要素之间的高效组合。

其次，四新经济概念指的是我们在探索"新经济"发展道路过程的一个具体体现，即新技术、新产业、新业态和新模式。其中，新技术仍然是经济持续发展的核心，只有通过对新一代技术的广泛应用，才有不断地改变我们企业的生产方式、经营管理模式，并且不断产生新的技术、产业、新的业态、模式。

最后，四新经济在新智能推动下，促使传统行业转型升级。比如，在"互联网+"的推动下，零售业出现了一些新的模式，如盒马鲜生，它是阿里巴巴集团全资子公司，是国内线上线下一体化运营的"互联网+零售"企业，

主营推行"生鲜食品超市+餐饮+App电商+外送"等多业态集合，推动新零售商业模式上的创新。

在四新经济发展过程中，高新技术人才必然是所有企业躲不开的话题，因为高新技术人才是四新经济发展的储备能量。为此，我国各地方也都采取了各种激励措施，以吸引高新人才。他们正在成为推动四新经济发展的重要力量。

四新经济作为培育经济增长点的新引擎。未来，将着力在5G、互联网、大数据、云计算等领域引进和培育一批龙头企业，加快推动经济快速发展，全力打造四新经济聚集区，不断带动产业高质量发展。

三、四新经济的发展是新经济发展的强大动力

首先，作为推动我国国民经济增长的自然科学与信息技术创新这两大元素，正在不断地取得更大突破。其次，新的现代科学信息技术已经被广泛运用到国民经济的方方面面，衍生了许多新的商业模式与新的经济业态。例如，互联网、物联网、云计算、大数据等新一代移动信息技术已经在我国经济社会各个领域中都得到了更加持续广阔的发展，并催生了电子商务、智能打车、移动办公、互联网金融、智慧智能家居、在线医疗等一批新型服务业态。传统"一手交钱一手交货"的赢利商业模式已经逐步被"免费服务+赚客户+增值服务+赚利润"的经营模式所替换。

另外，一批国家战略性重点新兴产业的快速发展，对于推动国民经济快速增长的贡献与日俱增。一方面，新兴产业综合增加值占GDP的实际比重稳步快速上涨。另一方面，新兴产业自身与传统产业相互关联，具有融合程度高、带动性强等特点，对于我国经济社会增长的带动作用是非常明显的。

四、政府是四新经济生态环境的构筑者和走向新经济的重要推动者

对于萌芽时期的四新经济发展形势而言，良好的生态环境既为其创造了一个开放性的平台和广阔的空间，也为其创造了必要养分。而政府，正是这个自然生态圈的构建者。

首先，要进一步深化改革，随着行业移动端和互联网以及信息安全技术的快速应用，广泛渗透到城市交通运输、医疗健康、教育培训等各个领域，行业发展中面临的问题是行业标准严格限制下的"玻璃门""弹簧门""旋转门"。为此，要避免把那些传统的市场管理方法，直接套用到新经济中，打开那些限制四新经济增长的政策壁垒。

其次，要查缺补漏，以创新的扶持手段和体制机制，为新时期经济增长保驾护航。保障体系缺失，政策落实不到位，这就是制约新时代经济增长的难题。

最后，要夯实基础，稳扎稳打推进四新经济繁荣可持续发展。技术创新是新经济时代国民经济赖以持续发展和逐步壮大的主要技术驱动力，一项崭新的技术，必然是凝结了开发者无数的心血和汗水，不是盲目模仿就能实现的，必然经历过很多次的痛苦和失败。

所以，需要甄别一些具有巨大发展潜质的优秀技术，引导社会资源向此类优秀技术倾斜；站在新一轮科技革命的前沿，聚集新一代经济增长的重要核心和关键技术，攻坚克难。充分发挥政府对资金的引导作用和资金流的放大功能，引导社会资本通过政策支持科学技术进步、商务模式创新等多种技术创新，从而促进新兴产业增长；积极地培养、引入、用好各种类型的人才，打破体制机制的障碍，建立健全体制机制的保障，最大限度地释放人才的自主创造

能力和工作积极性。

五、四新经济的制度体系，是影响新经济的新动能

新经济的实质就是先进的生产力和与其相匹配的各种生产关系的有机组合。新经济在发展初期，往往会随着四新经济而蓬勃发展，然而这些本来充满生机的新产业、新经济业态却很可能稍纵即逝，能否从"星星之火"迅速地达到"燎原之势"，取决于是否能够及时地构建起一套与之相匹配的管理体系。

当前，新一轮工业信息化和高科技产业革命正处于关键时期，大数据、移动端和互联网、工业机器人、存储技术、新材料等高新技术突飞猛进，深刻地改变了当今人类经济社会的工业生产和经济活动管理方式，颠覆了传统经济模式，在世界各地迅速形成了新的市场生产力分配格局。这种合作关系，有望直接带动未来新一轮的中国经济快速增长。

近年来，欧美等发达国家也都在新技术产业革命的驱动下，不断调整自身的制度体制。比如，美国先后三次修订并颁布国家创新战略，围绕清洁能源、先进制造、生物经济等出台行动计划。欧盟发布"分享经济指南"，明确政府和平台企业职责定位，为分享经济发展搭建制度框架。日本政府则多次更新"面向未来的新成长战略"，着力推进医疗等领域改革，放松管制，释放活力，构建适应先进生产力的政策和政府监管体系。

第三节 四新经济的本质、意义及之间的关系

一、自主创新是四新经济的本质

四新经济的发展要从2008年的国际金融危机说起，当时世界各国的经济发展都在遭受衰退的威胁，未来经济的不确定性进一步增强。随着经济下行压力的增大，中国亟须进行新一轮经济转型，找到发展的新动能，实现经济健康、持续、稳定增长。

一直以来，自主创新都被认为是四新经济的本质所在。四新经济在技术上具有渗透性、融合性、轻资产、高成长、动态变化、对基础设施和环境的依赖性等特点，更加强调了无形资产、核心企业团队、智慧发展及其核心竞争能力。

自主创新是以人为主体，积极、主动、独立地进行发现、发明、创造的一种社会活动，其中包括自主的科学创新与自主的技术创新。如果以主体方式来划分，包括个人的自主创新、企业的自主创新、国家的自主创新、民族的自主创新。

对发展中国家而言，自主创新就是实行赶超战略、后来居上、超越发展的根本途径。数字经济为发展中国家借助自主创新，超越其他国家提供了机会。

科学技术从来没有像今天这样深刻地影响着一个国家的前途命运，从来

没有像今天这样深刻地影响着人民的幸福安康。现在相对于过去任何时候都更多地需要科学技术，更加迫切地需要提高创新能力。

所以对中国企业来讲，必须坚定不移地走好自主创新的道路，坚定信心、埋头苦干，突破一些核心技术，努力使企业在一些关键领域和行业中实现技术自主化和可控性，保障整个产业链和供应链的安全，增强高新技术企业应对国际风险和挑战的能力。

四新经济意味着自主创新，突破"卡脖子"问题。

随着国家"藏粮于技"战略的提出，开展种源"卡脖子"技术攻关是每一个种企的时代使命和责任。种子是我国现代农业生产的"芯片"，作为一个种企，依靠其自主创新永远是企业的立身之本。青岛金妈妈农业科技有限公司，从2012年起就开始专注于蔬菜嫁接技术，将瓜类蔬菜嫁接过程中所需要的砧木作为主要研发工艺项目，目前在瓜类蔬菜砧木育种技术方面已处于行业领先地位，并且在口感、产量、抗病性等果蔬繁育指标等方面完全不输国外同类企业。

以企业自主研发的黄瓜砧木为例，一茬每棵可以多摘三条黄瓜，每亩增产可达4000斤左右。在推出此款砧木以前，国内砧木市场大多以日本进口为主，但是现在我们不必再依赖日本市场。

金妈妈农业科技有限公司的发展模式，是这座城市与众多科技创新驱动发展企业的互动缩影。在青岛，越来越多的企业有了依靠自主创新、攻城拔寨、领跑赛道的"奋斗魂"，而政府则通过体制机制创新，不断培育壮大内生动力，铸造驱动城市产业更新的"创业芯"。

自主创新能够让企业成功地突围，也是"四新"实体经济的奥义所在，只有企业把主动权牢牢掌握在自己手中，才能更好地适应不断变化的国际市场需要,从而带动企业继续地保持其领先优势,不断地前行。

二、促进国民经济持续发展是四新经济的意义

在当前的国际经济条件和市场形势下,四新经济对于促进我国国民经济的持续发展来说意义重大。怎样使中国经济的增长稳中求进,是我们面临的重大挑战。

据此,目前我国在中低端制造产业的过剩产能还将需要继续加快消化,中高端制造行业也需要继续加速转型。在新的历史发展过程中,四新经济是推动当代新兴产业快速增长的新一轮驱动力。同时,四新经济建设是推进供给侧改革的主要战略着力点,能够真正地提高国家的工业生产效率。

另外,进一步提升自主创新能力,大力发展四新经济,对于推动我国经济增长与维护国家安全都具有十分重要的意义。若要实现科技方面的完全独立,非自主研发创新不可。

中国经济在发展过程中,催生出一大批本身具有较高科学技术含量的先进装备制造业和先进的服务业。传统的产品与服务模式已无法满足广大人民群众的多元化、多样性、个别化的生活需求,这就促使企业在信息时代依托数字技术,进行产品与业态的创新,并对生产要素进行了重组与优化。数字信息技术的出现,利用系统数据可存储、可传递和实时运算的特点,让企业能够通过数字化手段和方式去优化各种要素的配置。以现代信息技术为驱动因材配置,让我们的企业能够更加精准地把握消费者的需求,更加高效地触及新的市场环境,并且大幅度地提升企业内部的组织生产与经营管理的效率。

最后,四新经济的形成与发展是科技进步和商业应用之间相互推动、相互成就的历史过程。商业创新的根源在于技术革命,无论是企业还是政府,都

应该继续加大对基础性技术研究工作的资金投入力度，提升其研发的效率，为我国经济实现高质量的发展提供可持续的驱动力。

数字技术的驱动使得我国的产业化过程和社会经济治理模式不同于其他国家，这也决定了我们在相关政策和监督上都要给企业留下一定的发展空间，鼓励企业积极尝试，对"试错"采取一种包容审慎的态度。

同时，四新经济需要在多个层面培养一批同时掌握财务管理知识和数字化技术的综合型人才。随着人工智能、大数据、云计算等的广泛应用，企业管理层人员也越来越多地需要对科学技术有深刻的理解。这对我们在人才培训中的导向及方式提出了更高的要求。只有人力资本的发展和技术进步高度相符，才能够更好地促进四新经济的蓬勃发展。

三、四新经济之间的关系

新一轮产业革命促进了传统行业的界限消失，并产生了各种新型的活动和合作方式，创造新价值的过程也随之改变，产业链的分工也被重组，政府、企业、消费者之间的联系更加密切，新的商业模式也不断地出现。

新一代网络技术包含了量子计算网络科学、感觉网络科学、人类交互网络科学、通信网络技术、数据处理网络科学、应用网络科学等诸多创新技术。新一代计算技术成功催生了一种新的服务商业模式，并且极大地促进了移动云计算时代企业经营管理模式的一些革命性重大改变，例如移动云计算制造服务模式(即云平台服务模式)、智慧工业制造服务模式，跨境贸易生产以及服务提供模式、大规模广告订阅以及定制服务模式。

这些新的商业模式都不过是传统技术与国际市场的有机结合，消除了传统信息技术对国际市场的"隔层"保护作用及其效应，带来了畅通的国际市场竞争信息，从而帮助国内创新型科技企业公司能够快速实现更大规模范围内的持续盈利，高昂的前期资金可以有效地用来保证其在国内技术创新领域中所投入的资金，大幅度提高了技术产品研发的成功率，带动国内本土化技术创新能力，而创新能力的提高所带来的新科学技术和新商业技术，又有可能进一步扩大和增强其在国际市场竞争中的地位。因此，新的技术创新与新的传统商业模式是完全可以互相发挥作用、互相促进的。

此外，从新业态和新模式之间的关系来看。新的商业模式极大地影响了现有的业态和产业发展，新商业模式的大规模出现形成了新的业态，如网购、3D打印产品、智能汽车、打车软件等，新业态的规模化发展或不足形成了新产业，就是改变了传统产业的发展路径和产业竞争力。

例如，亚马逊等网站对美国实体超市的巨大冲击，导致美国几乎所有的大型超市均实施了在线销售，沃尔玛在线的销售额已经超过实体店。腾讯微信对通信和短信费的几大垄断运营商构成了巨大的冲击，免费的360杀毒对瑞星杀毒软件的冲击，支付宝和余额宝对银行的冲击，京东对电商的冲击，等等。总之，新技术、新产业、新业态、新模式和新经济之间是渐次递进、相互影响的。

第四节　新产业革命与四新经济发展

自 2008 年国际金融危机爆发以来，世界上的实体经济已在衰退和复苏中匆匆走过了极不平凡的十几年。纵观这十几年的发展，新工业革命正在酝酿和逐渐兴起，成为重大的发展趋势之一。

近几年来，随着工业 4.0、工业移动互联网等一系列新技术概念被广泛认可，全球正在进入新的工业革命时代。新工业革命正在世界范围内产生巨大的影响力和推动作用，并且在全球众多制造业、能源行业中都发挥着作用，并且取得了许多新的突破。

一、科技进步推动新工业革命

首先，科技的快速发展不仅让我们眼花缭乱，对于经济的深刻影响也日益凸显。总体来说，新技术的快速发展仍然呈现"一主多翼"的发展特点。移动互联网、物联网、大数据、云计算、人工智能、量子无线通信等先进的现代信息网络技术已经逐渐开始向服务领域和生产制造领域快速渗透，也随之带来了许多新业态、新模式的不断涌现，实现了丰厚的国民经济效益。另外，目前在能源、材料、生物等高新技术应用领域，也都有了许多新的技术变革。

其次，随着新动能的成长，新旧两种能量的转换已经成为一个全球性的话题。一方面，全球主要地区和国家纷纷推行面向未来发展的战略规划，希望能够占领产业增长的制高点；另一方面，围绕这些新动能的国际竞争是极其激烈的。这种竞争集中于人才、标准、投融资、市场等各个方面，一些国家甚至采取了新型单边保护主义措施。

最后，新能源的开发进展神速，对现有能源的重塑是股巨大的推动力量。从世界各地来看，虽然煤炭、石油、天然气仍旧是其主体能源，但随着科学技术的进步及其大规模的示范应用进程的开始，以风电、光伏发电等作为主要代表的新一代能源技术已经实现了迅猛的发展，速度之快超出了人们的普遍期望。这些新能源在一些地区和国家甚至已经成为主体能源。从未来的发展来看，随着新能源的快速发展，全球现有能源体系将面临颠覆式的重构。

另外，伴随着我国新一代信息技术等先进科学技术的大量应用和扩散，新业态、创新商务模式层出不穷，数字经济、平台经济、共享经济逐步发展成为重要的经济形态。这也导致许多产业在未来发展中的目标、方向和目的虽然没有什么改变，但是在发展方式上以及竞争中的重点却发生了巨大的变化，新的市场经济格局逐步形成。

二、新工业革命推动世界经济发展

当前，新工业革命的影响已经在许多方面显现出来，但是距离能够完全实现还需要相当长的一段时间。在这样漫长的过程中，新工业革命已经呈现出许多鲜明的时代特征。

首先，创新与发展是一个永恒的主题，创新的涵盖性和传递的广泛性都得到极大的提高。在这场新的工业革命中，由于各种技术、环境的巨大改变，创新产生的基本理念、组织形式等也出现了许许多多的新变化，创新产生的关键性和塑造力被发挥得淋漓尽致。

总的来说，重大技术创新尤其是一种跨领域、跨学科的重大技术创新，相比以前，拥有了一个较好的生成环境和拓展应用环境，创新在推动经济发展中的作用将在实践中表现得更加突出。当然，全球主要的国家和地区在围绕创新驱动生态建设、培养高端创新型人才等各方面的市场竞争也会更加激烈。

其次，智能化的发展必将贯穿其始终，而且智能化本身正处于快速迭代中。智能技术能够真正实现对人类的再一次解放，使得人们能够更加专注于更具有创新性的劳动，或是获得更多的闲暇。

另外，融合式发展也是一个很重要的特征，学科融合、技术融合、产业融合都会不断地加强。重大的创新往往源于各类技术与其他因素的广泛而深度的融合。

一方面，互联网和传统服务业相互结合，就会产生许多特点鲜明的新产业和新业态；另一方面，制造业和服务业的融合仍然方兴未艾。许多传统的大型制造业公司和企业都是通过较为有效的垂直一体化或者外包转型等不同的方式，逐渐扩大了服务业务在整个企业的比例，并且借此来使企业的盈利能力、竞争能力不断增强。

此外，绿色经济的发展也具有鲜明的特征。展望未来，工业的发展必然会越来越多地朝着绿色化的方向进行，新一轮产业革命与以往相比，明显地体现了绿色发展的特点。

最后，开放与合作发展将是大势所趋。在新工业革命的推进中，需要国家和地区之间通过更广泛的国际交流和协作，解决出现的问题，这也就迫切要求我们进一步增强对外开放和合作。比如，推进我国在智能制造、产业互联网、新能源汽车、智能电网等新兴产品和应用领域的研究与发展，涉及诸多关于相应产品和服务的技术标准问题，还需要与世界其他主要地区和国家进一步深化交流与合作。

三、新产业革命离不开经济全球化

新一轮的科技革命正在全球兴起，不但会催生四新经济，壮大经济增长的新动力，而且还会促进经济全球化的加深，使得各个国家与经济之间的关系更为紧密。

新的产业革命必然需要实现经济全球化。科学技术的突破和发展是新一轮产业革命的根本驱动力，科技创新仍然需要与各国科学家、工程师共同携手合作努力，相互启迪灵感，在已有的科技成果基础上继续创新、不断改善。关起门来搞科研，只会妨碍我们的科技创新进程。产业革命对我们来说是一次颠覆性的变革，没有一个国家能够形成完整的产业配套制度体系和全球产业生态。因此，只有通过集成全球最优秀的技术、原材料、零部件、装置以及软件系统，才能够开发和制造出最优秀的产品。

新产品、新服务的发展除了技术上的推动，市场侧的拉动也势在必行。一项新产品要想被广泛地接受，实现旧产品的替代，就必须具备较强的市场竞争力。在这类产业出现之初，往往就会遇到许多企业与其他地区之间进行竞争的情况，导致市场分割及其成本居高不下。只有加强与全球的合作，建设和打造一体化市场，才真正能够使我们实现由传统的零部件制造向产品规模化转变，降低了产品的生产成本，促进我们的产品走向千家万户。我们可以清楚地看到，所有高科技产品都是通过全球采购，由世界制造商、世界生产商来销售的。

新产业革命还助力中国经济走向全球化。比如，越来越多的视频直播、移动游戏、在线教育、云计算等新型的在线信息技术服务模式逐渐形成，并且具备了面向全球消费者的趋势。实体经济与信息技术进行了较为深度的融合，借助于工业信息化和互联网及其他的大数据、云计算、人工智能等核心技术，可以为全球各国和地区的任何一个销售场所或任何角落的消费者提供更多的服务支撑。

总之，经济全球化这一历史性潮流是不可逆转的。新一轮产业革命的发展必然需要以经济全球化为基础，与此同时，新一轮产业革命还为我国经济全球化的深度推进和发展提供了新的科学和技术方法。

第五节　积极拥抱新经济，加快推进四新经济发展

　　积极拥抱新经济，既是当今世界各国经济增长与发展的大势所趋，也是对我国实现产业转型升级、结构优化的内在需要和必然选择。由此可以肯定，这一轮以互联网、人工智能和生命科学等技术为主要代表的全球性科技革命，其推进的力度、深度和广度都将是史无前例的。

　　目前，我国经济从高速成长期进入了高质量发展期。新经济在整合传统经济的支撑、改造传统经济的动能、推进供给侧结构性改革等方面都取得了明显成绩。新动能也正日益地发展成为有力推动我国国民经济健康发展的重要引擎。据有关机构测算，新动能对经济增长的贡献度已超过30%，对城镇新增就业的贡献度超过70%。

　　以中关村科技园区为例，园区内所有的代表性企业都在技术上具有独特优势，其资产规模、营业收入、市场预期估价等均取得了一系列的指数级提升，迅速地成长为"独角兽"企业。企业未来的发展前景广阔，对于推动我国国民经济持续健康快速发展起着极大的作用，它们是创新驱动经济发展的标杆。

　　为了推动四新经济的发展，我们需要积极采取以下五项行动。

　　一是要加快和推动新兴产业的发展。贯彻落实好"十三五"国家战略性新兴产业发展规划，并组织开展一批关于新兴产业的重大项目。运行好各项国家对创新型企业和高科技公司的创业投融资引领基金，拓宽创新型企业和高科技公司融资的渠道。增进地方政府和企业资金、财力和社会资本在区域内的交

流与合作，促进区域性战略型新兴产业集群的发展。

二是加快推动创新水平。推动北京、上海具有全球影响力的科技创新中心和北京怀柔、上海张江、安徽合肥三个综合性国家科学中心建设，推进雄安新区创新驱动引领示范区、粤港澳大湾区国际科技创新中心建设。

三是要加快推动和形成一个有利于四新经济增长和发展的政策环境。

四是要继续加快推动互联网、大数据、人工智能等信息技术与新兴实体市场经济的深度互动融合。出台"互联网+"产业扶持、推动实体工业经济快速增长的系列政策性扶持，实施"人工智能+技术"产业创新模式驱动产业发展重点项目，加快促进传统工业、农业、服务行业向数字化等新方式转型。

五是加快推进新能源技术、新模式、新能源行业和新能源产品的融合发展，充分利用资本市场对社会资源配置在各过程环节中的主导地位。

比如，要关注具有创新精神的企业家。新技术研发靠技术人员，模式和业态的创新则要靠企业家。企业家可以在市场竞争中整合企业内外部资源，如资金、技术、人才、市场等，建立强大的商业模式。举例来说，1993年，在IBM陷入巨亏濒临破产之际，没有技术背景的郭士纳临危受命，将IBM的商业模式从"硬件制造商"转型为"软件和咨询服务商"。2008年IBM提出"智慧地球"发展理念，随后衍生出"智慧城市"业务。

再比如，要高度重视并合理利用各类社会公共资本以及政府经济管理的创新。

当然，在大力推动新技术、新产业、新业态、新模式的过程中，政府的治理手段也需要不断创新，需要从四个基本角度入手来进行创新突破。主要集中在行业管理和业务准入、政策配套和发展环境、公共服务和政府采购等方面。

首先，突破行业治理与业务准入的"瓶颈"。比如，解决业务牌照"难申请"的难题，加强对业务准入的动态调度，废除老旧的业务环节，细分为新的服务环节，等等。政府部门需及时对业务准入进行调整，例如，在新业态、新模式下的企业进行工商注册时，往往很难在现行《国民经济行业分类》中寻找到行业的归属，进而影响了企业自身所树立的品牌形象及其广告宣传。比如，你我贷、拍拍贷公司反映，客户融资缺少第三方信托机制，主动提出要求进一步加强监督。

其次，突破了政策配套与发展环境"瓶颈"。一是"待延伸"的服务性外包政策。比如，始达（上海）医药科技有限公司反映，承接外包服务的机构不得再享受到中国出口服务的外包商增值税零征收费率和自由免税政策，削弱了其在中国的竞争能力。二是政策法规"跟不上"。许多政策法规都不能够满足新型行业发展要求。三是推进"欠配套"政策措施。比如，新的技术"云存储"没有专门的技术安全性质的认证，不利于打开市场。四是地方政府的资助手段"不适应"。新业态、新模式下的企业更加注重人力资本、购买服务等软投入，对固定资产项目的融资需求量不大。

最后，突破公共服务和政府采购"瓶颈"。一是公共服务"不对接"。传统产业新型化，依然需与原产业的公共服务对接。比如，线上贷款平台，与央行的征信管理系统不对接，既严重影响了查询的效率，又严重阻碍了其他客户的资料被及时地录入并分享。二是政府采购的"欠支撑"。新的技术导向型企业指出，有效地通过政府的采购，能够进一步满足市场的需求，支持新的业态、新的模式。

第二章

新技术改变人类生活

第一节　让我们炫目的新技术

——3D 打印、物联网技术、云计算、储能技术、机器人、M2M、高温超导材料、OLED（有机发光二极管）、智能驾驶、可穿戴设备

数字化革命很大程度上改变了社会主义市场经济的模式与人们日常生活的方式，这一新趋势也引领着一股全球性的创新浪潮。

一、3D 打印

自 20 世纪 80 年代以来，3D 打印只是局限于高度专业化的工作场景中使用，主要适合于快速成型。如今，3D 打印机越来越便捷，而且广泛用于生产和加工，使用范围也越来越广，正在日益走向大众化。它改变了整个产品行业的市场竞争地位和基础，颠覆了传统供应链。

3D 打印技术是推动第三次工业革命的重要载体之一，它是一种智能化的快速生产方式，通过热熔塑造成型，短时间内就能将产品打印制造出来。3D 打印技术目前在医疗、考古研究、建筑设计、汽车制造、珠宝设计、航空航天等领域都取得了重大突破。

在过去几年，3D 打印因其能创造实体物品这一魔力特点，吸引着全球的注意力。只需要通过电脑，就能将图纸上的设计变成现实。3D 打印的戒指、手镯和项圈等首饰，也是设计师们的独特设计，拥有不一样的魅力。

3D打印技术的个性化、复杂化、高难度的特点,与传统制造业的规模化、批量化、精细化相结合,是一场正在引领未来的技术革命。

二、物联网技术

物联网技术最早起源于互联网传媒界,它被认为是对信息技术和产业发展的第三次革命。

物联网主要是泛指物体或其他物质之间通过各种信息传感装置,按照合同中所规定的方式或者协议,将任何一个物体或者网络互相连接,物体通过各种信息媒介进行信息交流和通信,以此来实现物体的智能化辨认、定位、追溯、监测、分析等功能。

物联网发展要求尽快形成一个实现人与物、物和物交互相连,实现遥控信息化、遥控化和管理全程监督和遥控智能化的遥控网络。物联网技术无疑是一种新兴的技术、新兴的行业。

当今世界的许多社会问题,例如全球性的金融危机、能源危机、环境日益恶化等,都需要用更加智慧的管理手段来加以解决。

比如,夏天的天气很热,回家后我们打开冰箱,准备在家里吃一个冰激凌,却发现冰箱里早就没有了,我们却不知道。如今,智能电冰箱的诞生,不但能够实时监控到电冰箱里面的饮水和食物,提示我们饮水不足、食物逾期;还能够实时监视各类美食网站,搜索收集菜谱,然后自动添加到购物清单。时间久了,还可以根据我们对每道餐饮产品的评估,推测到我们最喜爱的食品。

再比如,科幻电影中描述的高智能化生活,每个人都有一个AI管家,就像《钢铁侠》里的Jarvis,实时监测着Stark先生的一切信息,会帮助他处理各种事务，计算各种数据。Stark 随时随地都能呼唤 Jarvis，通过语音交互获取身边的资讯或控制他的各种智能设备。这种高度的可以被感知、高度的互联网络与互通、高度的数字化及高度的智能化生活或许是未来物联网高度发展的一种新生活。这就是物联网世界，更多的物联应用也正逐步出现在我们的日常生活中。

三、云计算

从 2006 年 Google 公司首次提出"云计算"这个概念到现在 Google 公司正式推出，至今它已经发展成为家喻户晓的一个词语。不论是新兴的云服务商，还是现有的传统软件供应商，以及高端科技企业，都正在认真探索和研究云计算。许多人都曾经觉得云计算遥不可及，其实云计算已经给我们的日常工作和生活带来了一些改变，未来将会带来更大的改变，就好比"云计算"这个概念里讲述的那样："云计算将会发展成为和水、电一样的一种公共资源，人们可以随时随地，任何一段时间都能够自由地享受和使用，按需支付。"

云计算技术打破了以往传统工业人们固有的各种物理空间运行方式和地区位置限制，实现了从平板电脑到智能手机、汽车、家电的无缝迁移，把所有的移动计算机和所有电子信息设备连接起来，并且用户能够同时接受近端到远程数据监控，这也正是未来物联网信息技术产品设计的最终目标。

云计算技术已经是当前物联网技术发展中的核心技术之一，通过云对信息网络的全面智能整合和云对信息网络资源的充分综合利用，人们只要付出低廉的网络成本，就可以轻松享受这一方便的网络服务。比如，将来我们或者可以在出门之前，就将汽车启动开出车库；在回到家之前，就将家里的暖气打开，等到了家里，家里已经暖烘烘的了；去机场坐飞机，路上要花费多长时间,可以提前预知,避免晚点或者过早到机场。诸如此类的一系列应用将来一定会变成现实。"只有想不到,没有做不到",可以说非常贴切了。

云计算已经彻底地改变着现代人们的日常生活和工作习惯,提供了无穷多的机会和可能,构建在互联网之上的云计算为现代人的生活带来了诸多方便,开启了未来快乐的云计算生活新时代。

四、储能技术

在未来十年里,全球动力电池制造企业将更加主动地针对新兴技术体系进行开发和研究,原材料成本下降会更加有利于减少可再生能源和电力系统的成本。

全球新型锂离子动力电池产品和技术的应用发展极为迅速,未来锂离子动力电池产品和技术领域的巨大突破将进一步改善整个人类的生活,保障地球可持续性发展。

近期,全球在电池制造和技术进步方面投入的大量资金,已经为全球储能行业带来了翻天覆地的变化,到2030年左右这一巨大转变将显现出来。

在未来的电网建设与发展中,智能化电网技术的广泛应用成为一大创新浪潮,随着我国大规模的储能和可再生能源发电独立电网建设正常运行后,电网将会越来越需要新的信息技术手段去实现和满足更多用户对于电力的需求,在未来10~20年内,将有可能清楚地看到产业变化。

五、机器人

自从1959年世界上第一台工业机器人问世以来,"机器人学"已取得重大成就,并开始在制造业、服务业、医疗、国防和太空探索等各个领域广泛应用。

随着现代科技的发展和进步，机器人在我们的社会生产和居民生活的各个领域广泛应用。可以说，机器人正在迅速渗透到人类社会的方方面面，日益成为改变这个世界的一大助力。随着我国市场经济的快速发展和人类社会的进步，人们开始对机器人行业提出新的要求，而且信息技术的不断创新，为我国机器人行业的发展奠定了基础。

现在，不仅工业机器人已经大显身手，服务型机器人同样具备了巨大的市场发展空间。各种各样为满足不同类型需求的特殊机器人、康复和助老护理机器人、医学辅助类型的护理机器人、卫生辅助类型的护理机器人等服务性机器人也已经形成了一个大的新类型。

麦肯锡全球研究所发布的《引领全球经济变革的颠覆性技术》报告，甚至将先进机器人列入颠覆性的引领全球经济变革的12项技术之中。"机器人革命"有望成为第三次工业革命的一个切入点和重要增长点，将影响全球制造业战略格局。

目前，世界上很多新兴地区，包括发达国家和一些新兴开放的发展中国家，纷纷把促进机器人产业技术发展作为自己的国家经济战略，并进行了一些重点的产业规划和技术部署。相信未来智能机器人技术会给我们的生活带来更多的期望与惊喜。

六、M2M

近年来，随着移动互联网络更加智能化，带宽也得到了大幅度的提高，人们曾经一度迷失了发展的方向：如此先进的互联网，应该被用来干什么呢？有些意见认为，视频、音乐、网络游戏本身就是一个答案，但是现实证据表明，这些主要针对消费、娱乐等领域的应用给社会和运营商带来的机遇和价值都是有限的。在这样的情况下，运营商将更多的时间和精力放到利润丰厚而且具有巨大发展潜力的大型企业顾问、行业中的应用研究上。这就是M2M的应用。

不过随着M2M应用的推进，越来越多的行业已经意识到M2M的巨大优势，比如西欧高福利地区的一些国家已经发现，采用无线化医疗监测管理系统，可以有效地加快整个医院各病房的周转率和生活速度，让更多的患者及早地在医院内住院。加拿大的一些自动化贩卖机公司运营者发现，让自动化的贩卖机互相连接，可以为他们节约不少的人力和成本，而且不必再花费大量的资金和时间去购买几个硬币；汽车监测等其他M2M应用所具有的价值就更是毋庸置疑了。行业中各个应用场景市场需求的提升，刺激了M2M通信技术的进步，于是M2M的应用场景也开始逐渐走上了快行线。

总的来说，选择合适的M2M支撑平台，不但能够长期稳定地为用户提供优质的M2M通信服务，还能够推出多样化的增值产品来增加用户的收入。在此基础上获得较高的客户满意度，为未来大规模的数据运营商和无线电话业务发展打好客户基础。

过去我们讲的"网络能够改变大家日常生活"，仅仅只是简单的一句口号，但现在随着国外一些先进经验的传入，企业在意识上的增强，以及移动通信厂商、运营商的积极促进，总有一天，M2M能够使每一位用户都切身感受到这句话的内涵。

七、高温超导材料

高温超导材料是具有高临界转变温度(Tc)能在液氮温度条件下工作的超导材料。因主要是氧化物材料，故又称高温氧化物超导材料。

超导材料被广泛认为是21世纪一种具有很强的工业发展潜力和重要战略意义的创新技术，可以被广泛地应用到清洁能源、国防、交通、医学等各个领域。高温超导材料的应用范围还可扩大到超导磁悬浮列车、超导电脑、高速计算机、核聚变反应堆"磁封闭体"等范围。科学家新近在世界范围内创造了一种全新的化学物质结构，并且预言这种化学物质将有助于人类制造出下一代的超导体，可以用来发电和提高火车的运行工作效率。

八、OLED（有机发光二极管）

OLED(有机发光二极管)是无背光源、无液晶的自发光显示，具有优异的色彩饱和度、对比度和反应速度。由于材质更加轻薄，可透明、可柔性，OLED能够实现多样化的设计。目前，全球的OLED供应商格局里，韩国处于相对主导地位，国内则是以维信诺、京东方为代表的企业奋起直追。源于清华大学OLED项目的维信诺是创新型科技企业，曾主导制定OLED国际标准和国家标准，且产业布局较早，有实力引领全国OLED产业发展。

OLED照明是全球各大公司重点发展的技术。它如何改变我们的生活的呢？举个例子，如果装修新房时能将含有OLED材料的不同颜色"墙纸"，随心所欲地剪成自己所需要的形状，贴在墙面或屋顶后再通电，如此便拥有色彩艳丽、分布均匀的墙壁照明，是不是很有特点！这就是通用电气正在做的事情。

九、智能驾驶

不少科学家曾大胆设想，未来人类的生活将会越来越科技化、智能化。就像电影所演的那样，家里可以实现全析影像，汽车可以实现无人驾驶与智能操作。其实，在科技发展的今天，这样的生活不会离我们太遥远。

有了智能驾驶技术，我们的汽车就可以为我们赚钱，跑个网约车什么的都不用亲自开车，下班还能到公司楼下来接。车子再也不用担心没油，没油会自动开去加油站，管家式贴心服务，让我们安心做车主人。智能驾驶还可以每天精准规划路线，哪条路拥堵，哪条路畅通，只需要输入目的地，它将自动为你导航。智能驾驶技术反应灵敏，在遇到危险和前方障碍物时，第一时间停车，减少意外发生。它不单单是一辆普通的家用车，还具备了房车的功能，随时都可以带着你来一场说走就走的旅行。有了智能驾驶，车子就是我们的保姆，你不再需要为考驾照而担忧，因为根本不再需要司机。

谷歌、特斯拉、苹果乃至现在中国的百度都纷纷开始着手投入自动无人驾驶技术的研发。从目前谷歌正在作出的五年计划来看，自动驾驶技术不仅仅只是一个小小的开端，将要发生改变的几个领域主要还包括金融、保险、交通、能源乃至整个我国城市的公共基础配套设施和建筑物的整体设计。

自动驾驶技术不仅仅只是颠覆我国一个传统的汽车行业，更颠覆了我们现代人的日常生活方式。也许在未来，满大街都是自动驾驶的车辆，那时候我们可能会进入科技电影中的场景，遥控一下，完美生活便轻松拥有了。

十、可穿戴设备

2012年，谷歌眼镜亮相世界，这一年被称作"智能可穿戴设备元年"，在智能手机的创新空间逐步收窄和市场增量接近饱和的情况下，智能可穿戴设备俨然成为智能终端产业的下一个热点。如今，这一热点不但没有退去的迹象，反而被市场广泛认可。

可穿戴设备不仅仅被人们认为是一种新型的穿戴硬件连接设备，更是通过基于软件的技术支持以及通过云端的大数据交互、智能化等多种技术手段来帮助我们实现强大的应用和服务功能，可穿戴设备将给我们的日常生活带来巨大的革命性变化。

比如，我们现在已经可以实现的可穿戴设备有：计步、卡路里消耗、睡眠监测、饮食等，未来还将有更多可穿戴设备进入我们的生活，并为我们带来一种全新、简便的工作模式。

第二节　科技创新引发生活方式大变革

一、科技创新如何改变生活

对于我们普通人来说，创新一般指的是技术上的创新，一项科学技术发明很有可能会彻底改变整个人类的生活。然而，这种创新方式是如何进行的，却是一个复杂的过程。

科技创新在实际应用中首先要实现产业化。一方面，科技成果首先要孕育出一种能够被人们所接受的新型产品，围绕这种新型的产品，发展为某种全新的行业。另一方面，一种新型的产品会对整个人类的工业生产及其日常生活方式造成影响，当这种影响越多，这种新型产品的功能性作用和价值意义也就越大。让我们回想一下，如果没有电灯的发明，巴黎塞纳河两岸每晚都必须要有一位点灯的人，用蜡烛来点亮路灯。

在当前科技创新的发展过程中，随着我国科技产业化水平的提高，一些基于信息科技的产品已经被应用于人们的经济运行与社会生活中，逐渐地改变了传统的市场经济运营模式。以科技创新带动的四新经济的发展，一个明显的变化就是促进了产业的跨界融合。

从我国产业经济的视野来看，"四新"更多地体现在两个主要领域的深刻融合。一方面，主要体现在制造业与服务业等三大产业之间的融合；另一方面，新技术所提供的平台可以让不同的产业之间能够完美地整合在一起，成为全新的产品。跨界融合促进了新的市场结构的生成，并给新行业的发展留有了巨大的收益空间。

这种跨界融合导致产业之间的区别越来越模糊，比如 M2M，从一台机器向另一台机器转移，使得机器与其他机器之间可以发生特定的联系，它们就是无线数据传输的技术。我们应该注意的是，M2M 只不过是两种类型的机器之间可以发生单边或者双边的联系。随着计算机的增多，各种计算机器之间也会有一个网络的联系，这时候，计算机器之间的关系已经由单一的线路转变为一个互动式的网状分布。所以当这些目标已经达成，M2M 就已经变成了一个物联网。

二、科技创新颠覆了消费者与生产者之间的关系

在我国大多数传统制造商的生产方式中，消费者往往都是比较被动的，只能主观接受由企业所提供的服务。虽然消费者可以利用某些形式，让企业及时发现消费者的消费偏好如何发生改变，并进而根据这样的变化对产品做出调整，但这种消费者对于生产的影响过分间接，滞后性也太强，消费者基本与生产的全过程相隔绝。

在四新经济的发展过程中，消费者与生产商之间的界限已经被彻底打破。因为互联网、移动互联技术等的普遍应用，使得消费者能够直接针对自身需求对商品进行选购。生产者可以根据消费者的消费偏好来制订一套令消费者感到满意的生产方案，并最后为其客户生产个性化的产品。

在这样的企业电子商务合作模式下，原本可以同时进行大批量、标准化的产品制造方法发生了巨大的改变。对于很多产品经营者来说，原来的流程是将产品通过主分销商、分销商以及零售商送达消费者手中。然而，当消费者和

生产者的界限被打破之后，消费者可以参与到生产决策中去，原先的主渠道流程模式已经不适用了。

推动四新经济增长与发展的关键在于科技创新，知识已经成为"四新"国民经济增长与发展的重要生产因子。所以四新经济的发展更多地依赖于较高的创新能力与一定知识层次的创新型团队，而不是像传统制造业那样仅仅依靠资本来支持对大型机器的投放。

三、科技创新促进了产业提升

首先，在新技术的推动下制造业获得提升。随着现代信息技术和制造业的深度融合，引发了制造业生产模式的革命性创新。制造业生产的智能化已遍布于整个生产流程，数字化大大提升了制造业的智能化程度。研发设计、加工和制造、营销等服务，产业链中的各个环节都可以在同一个大型的数字化平台上实现整合和提升，特别重要的是，利用移动互联技术，使这种整合和提升更加有效。

信息技术和制造业的深度融合，主要包含了制造业的数字化、智能化建设。比如，3D打印、智能化和机器人等新兴信息技术，都重点运用到了四新经济的实体部分。

以我国的机器人制造业为例，机器人制造业是近年来逐渐兴起的一个热点行业。机器人产品一般可以划分为三个维度。初级阶段技术层面的机器人主要指的是工业型机器人，工业型机器人的开发主要是利用工业机械的自动化技术手段，使得机器人更好地具备制造业中人工操纵的基本功能，实现了机器人对于人工的取代。在完全满足基本的人力所需要替换条件的基础上，机器人开发与设计的一个中级层次就是强化了机器人的功能，凸显了机器人对环境变化的适应能力，并且积极探索基本的智能技术在机器人领域的广泛应用。机器人研发和设计的最高技术层面就是智能型机器人的研发和制造，智能型机器人将积极地运用云计算、物联网等信息技术，充分改善和提升机器人的交互功能，实现机器人的全方位智能化。

其次，传统制造业与现代服务业的互相融合而产生的新兴产业。随着对现代服务业职能分工的不断深化与现代服务业的创新，一方面，现代服务业的应用领域正在不断扩大；另一方面，现代服务业和设备制造商之间的界限日益模糊，服务业的科学技术和新兴的企业服务管理模式逐渐被广泛运用于现代制造业的各个领域，不同程度地提升了现代服务业的服务效率，推动了服务型制造业的快速发展。

最后，促使服务行业进一步提升。新技术的出现对服务行业带来的影响主要表现为两个方面。一方面，新技术大大提高了服务水平与服务效率；另一方面，新技术也改变了客户服务模式。就后者而言，主要是由于新型技术改变了企业的生产者与消费者的价值观。

在目前我国传统的服务行业中，服务主要是以市场供给为导向，即具体消费者主要作为产品服务的被动接受者，服务的主要供给者对于具体消费者的实际消费需求，并不充分了解，因而他们往往只能为群体提供单一、标准化的服务。然而新兴的技术发展让很多消费者能够把自身的服务需要或者信息及时、准确地告知服务的主要供给方，服务由此开始由传统单一供给向以需求驱动为导向进行转变。服务由零散集中变为高度集中，由短期集中变为长期集中。长期化的产品服务模式让我们的产品服务本身变得更加具有针对性，消费者与服务的供给者之间的互动也更为频繁，于是这就促使我们的服务或者产品逐渐走向个性化、定制化的路线，服务的供给者本身能够为客户提供一种更加符合消费者实际要求的产品。在这种基于点对点的网络服务质量管理模式中，新的服务覆盖范围就由此诞生了。

此外，从国家政策层面来看，以科技创新为动能的四新经济，将我国经济社会转型升级到以新一代互联网技术为平台，以服务业和制造业的相互融合为形式，产生和出现的一些新业态、新规模和商业新模式。例如互联网视听、智能照明、移动医学等新兴技术的开发和应用。

应该说，四新经济的增长带来了中国社会经济增长的总体性革新。除了以上提到的关于经济运行方式的创新以外，在政府功能、经济运行载体等各个方面均已孕育出巨大的创新性和可能性。政府如何借助创新环保体系建设、科创制度机制的安排、治理平台的构建等手段促进"四新"企业的发展，已经成为各级政府面临的重要课题。

在这一背景下，企业的空间布局和经营方式也必然发生变革。由于移动互联网的迅速兴起，实体空间对于经济增长的限制被彻底打破，我们有条件不要求企业在特定的地方进行集聚以便获得规模经营效应。"互联网+"产业园区的存在，把与市场空间相似或者距离比较远的公司和企业紧密地联系到一起，形成了某种基于移动互联网的行业集聚。而这些正是四新经济发展可能会给我们带来的又一个重要的变化。

第三节　从互联网金融看技术创新的影响

目前，互联网金融被一些媒体戏称为是四新经济的一张名片，其未来如何发展一直都备受社会关注。2014年，被称为"互联网金融的发展元年"。第三方支付、股权众筹融资、金融产品网络销售平台、大数据金融以及互联网金融门户等新兴业态的互联网金融呈现"井喷式"发展。2015年，互联网金融继续保持高速增长态势，在2015年3月时，余额宝市场规模已突破7000亿元，成为全球第二大货币基金。

对此，互联网金融快速发展的驱动力研究已经成为理论界的一个研究热点。除了市场需求、金融技术创新、政府扶持等方面的影响外，互联网技术的发展至关重要。

一、互联网金融是大势所趋

在国内外，互联网金融的诞生时间均比较短。相比于传统金融，互联网金融仍然新鲜，但是对现有金融行业产生了革命性的影响。互联网金融使得支付变得更为便捷，市场上的信息不对称水平也变得更低。资金供求双方不必再借助于金融服务机构，融资项目的资源配置效率更高，交易费用更低。

但对于一些征信制度不发达的地区和国家而言，目前类似于"互联网金融"的形态却没有真正实现。但是，互联网金融是未来的一种新兴金融模式，这一点正得到广泛认可。互联网金融包括但又不仅仅局限于第三方支付、众筹模式、网上金融产品、电子商务、金融服务中介等，其必然会发展成不同于商业银行的间接融资、股票和债券市场的直接融资的第三种金融模式。

然而，这种模式还需要创新。由于我国传统金融的发展由来已久，互联网金融一时难以弥补传统金融的不足，其发展模式与业务范围有限，难以适应各个阶段和层次客户的要求，所以我国互联网金融的进一步改革创新还有待加强。

在此基础上，风险管理也是社会各界普遍关心的问题。互联网的快速普及给金融业带来了很多风险。无论是从广度上还是从深度上，互联网金融行业风险管理工作的难度都比传统金融更大。除了来自互联网金融本身之外，还有很多风险与互联网有关。

这就必然需要互联网金融平台在线下对借款方进行风控审查、信用定价以及大数据综合应用上下一番功夫。在当前背景下，有了抵押又有了担保，这样既易于市场化的操作又能够为投资者所接受，也更切合实际。

除了需要用户主动向企业提交相关的数据外，还有必要做好正常数据分析，依靠大量的数据来构造风险评估模型。从这个方向上来讲，大数据必须提上日程。

二、互联网金融呼唤云计算技术

互联网金融的最大好处，在于依据一个具有可延伸的 IT 平台，将以往在互联网上公开的数据，以及从合作伙伴那里获得的信息等，全部记录和分析。

数据是金融的核心，互联网金融走到最后必然要结合大数据技术。但是，真正拥有巨额数据和资源的企业终归是有限的。一定要学会"借力打力"，互联网为我们提供了一个人日常生活的行为轨迹的信息，例如，信用卡的交易流水、电商的交易信息，微博、微信之间的社交互动等。只要获得用户的授权，平台网站可以充分利用开放的数据源，提供直击"痛点"的服务，在市场竞争"红海"中再次闯出一片天地。

云计算技术有效地降低了金融业的门槛。云计算技术让收入程度不高，而且财富程度有限的个体也能够享受到金融业的服务。资料表明，云计算的数字化运算功能最高可以发挥到每秒10万次，从而促进了海量的数据处理技术，在费用相对较低的情况下都能够实现，例如支付宝目前每秒能同时处理约3.8万笔支付业务，每笔支付的费用和成本只有两分多钱。支付费用成本的大幅度减少，必然会促进金融供给成本的下降。

目前，互联网金融方兴未艾，为了获得更大的市场份额，部分互联网金融甚至不惜减少企业的利润，使得金融服务早期的门槛有所下降甚至逐渐消失。因此，云计算技术可以说有效地降低了金融服务门槛，为长尾用户提供了一种普惠性的金融服务。

三、搜索引擎与社交网络提升金融服务效率

随着各类金融机构的发展，贷款人与存款者之间的距离变得越来越远，甚至变得越来越复杂。复杂的金融中介机构体系或者其他金融服务，有时可能会因为市场的垄断性而付出较高的交易费用，有时可能会因为体制不健全而导致逆向选择或者道德风险。而这些费用的增加，很重要的原因是资金和需求各方之间的信息不对称。

而搜索引擎及其社交网络则是通过为广大潜在的金融消费者或供给商提供信息交流的平台，为资本市场供需各方提供更透明、丰富的信息。从一定意义上简化了金融业务的运作流程，最终使得互联网金融更加便捷和高效透明。

信用制度是实施金融工作的根本，金融服务的质量与信用制度的完善有着紧密的关系。但是，金融历史证明，不同的群体往往会被赋予不同的风险预期。例如低收入者、小微企业等群体，由于缺乏足够数量的贷款抵押物，信用等级被降低，金融要求无法得到满足。

互联网因为有迹可循，可以在一定范围内减少这种金融歧视，提升了金融资源获取的公允性。例如，互联网平台下，消费者所有交易的信息、数据被后台保留、分析、挖掘之后，就能够成为其信用评级的依据，从而减少了信用审核成本，可以帮助那些低收入人群或者微小企业在需要金融服务时，能够获得更多平等机会。

综上所述，互联网与传统金融的结合非常具有典型意义，它以新一代信息技术为基础，是一个以传统金融服务为主的新模式，互联网金融通过进一步提升传统金融行业的服务水平和服务效率，不但极大地改变了消费者的金融消费观念和金融行业的消费模式，而且还减少了融资成本，有效服务中小微企业，为推动金融行业的体制改革带来了深刻的影响。

四、风险管理刻不容缓

然而，金融的另外一个本质就是风险。与传统金融方式相比，互联网金融不仅需要承担传统的体制性风险、流动性风险、信贷风险等，而且暴露出由互联网科技所决定的专门风险。

为了促进我国互联网金融健康有序的发展，应该高度重视以下三个因素在互联网科技领域所导致的问题。

首先是信息安全的风险。例如，随着移动互联网金融的发展，越来越多的企业和用户的敏感性信息被收集并记录到了互联网平台上，然而互联网金融企业对于安全技术的防护措施能力有限，一旦遇到黑客或者勒索软件等病毒攻击，用户的信息安全就很难得到保障。

其次是监管机制缺失的危害。目前，我国还没有一套统一的金融监管方案和具有针对性的法律，来保障关于互联网金融的发展。一旦社会上出现纠纷，极易导致各种争端，到时候当事人需要付出的时间和财力都是相当高昂的。

最后是非理性的风险。互联网金融扩大了金融交易的可能性边界，服务了大批以前并未被传统金融所覆盖的普通人群，他们的风险辨识能力和风险承受能力相对较差。我们总说，金融监管的一项重要任务就是培育理性的金融消费者。然而，互联网金融无疑极大地增加了这类非理性的风险。

互联网本身就具有虚拟化的性质，因为互联网和其他创造性经济活动只有在紧密结合到一起的情况下，才能够产生真正意义上的财富效果，所以我们要提倡"互联网+"的思维，而不是单纯的互联网思维。在互联网思维驱动下产生的"为抢夺市场而一味烧钱、夸大宣传、忽视风险"的情况，目前来看仍然比较突出，这种理念不仅对互联网金融的发展不利，也会给消费者带来不可估量的损失。

总体来讲，互联网金融靠技术创新发展至今，新的技术在不断涌现，对于互联网金融企业来说，技术安全是基础，而技术创新为金融发展注入了新的活力。同时，我们要注意防范随之而来的风险。

第三章

新产业带动全球经济活力

第一节 层出不穷的新产业

——金融信息服务、半导体、芯片制造、网络游戏、网络媒体、新能源汽车

一、金融信息服务

金融信息服务行业是我国经济发展的核心，也是新生动能。它由三个主要的板块共同组合：金融信息、第三方支付、互联网信贷。互联网信贷作为继第三方支付之后，在我国金融信息服务业中快速崛起的领域，必会成为下一轮关注的焦点。

金融信息服务产业是指通过金融产品的交易平台、分析平台和投资理财的渠道，给用户提供最为专业和即时的金融资讯，并以此在金融活动中创造更高的价值。解决企业融资的需求及家庭个人闲置资金的理财意愿。以我国新新贷为例，交易平台、分析平台和金融风险管理是我国新新贷金融信息服务发展过程中的重要一环，它有效增强了互联网的便利性，改善了金融信息服务的有效链接，是金融信息服务中的一个关键因素。

网络信贷是金融信息服务的又一个焦点，萌芽于2009年前后。从本质上讲，许多与IT相关的企业，无非是对传统行业的移动互联网化。而网络信贷也是对传统信贷产品和行业的一种优化和整合，借助于互联网平台，在提升效率的同时也降低了运营费用。

市场上各类网络信贷服务企业大体划分为三个类型：一是线上线下相互

结合的O2O融资模式；二是纯线下业务，这种方式属于比较传统的做法，这类公司的主要特点是只能通过简单的官方网站来对其业务进行展示，真正的业务是依靠派大量的业务员到线下来拓展；三是纯线上投资。

二、半导体

自2010年以来，中国大陆在整体集成电路市场的表现十分亮眼，2020年已占年全球营收比重的13%，而在2010年时仅占5%。由此我们能够清楚地看出，目前中国的半导体产业正在快速发展。

中国半导体市场之所以能够持续增长，要归功于中国经济的持续发展和壮大。中国经济的快速增长主要是由于中国对信息科学和网络技术，尤其是信息基础设施方面的投资不断地加大。可以这么说，中国的经济增长已成为全球半导体制造业最主要的驱动力，拉动了整个全球制造业的发展。

三、芯片制造

如今，随着人工智能的普及与发展，以及机器学习算法技术、人工智能学习技术等功能的不断完善与提升，全球范围内的人工智能行业已经进入了一个新的爆发时代，万物互联和人工智能正在加快实现。芯片技术作为计算机或其他电子装置的重要基础和组成部分，其广泛的应用前景以及其多元化的应用价值已经受到多方关注，许多国家为了在科技领域有更多的发展机会，就把芯片技术作为战略布局中的一个重点。

近几年，我国高度重视推动人工智能芯片行业的发展，先后颁布了一系列对这一产业扶持的优惠政策。2018年发布的《人工智能标准化白皮书(2018版)》中就已经宣布要加快建设国家人工智能标准化工程技术总体小组、专家顾问小组，负责对我国的人工智能标准化工程进行全面的统筹规划与协调。

由此，我国 AI 芯片产业也进入了发展的最佳阶段。除政策外，资本的推动也是导致 AI 芯片高速成长的一个主要因素。大量资本的投入，加速了 AI 芯片的开发过程，也使得 AI 芯片的市场有了进一步拓展。

近两年，随着消费电子、智慧医疗、可穿戴设备等各个行业对于芯片要求量的日益提高，老牌芯片公司和技术型企业纷纷加快研制和引进新款芯片。在政策、资本、企业等诸多方面的共同推动下，我国 AI 芯片行业市场的发展更为迅猛，其产品迭代和转型升级速度不断提高。在整个芯片制造行业的蓬勃发展背景下，我国终会绽放新的光彩，在全球核心技术舞台上占据应有的位置。

四、网络游戏

目前，我国大型网络游戏市场主要有三类相关产品：一是通过客户端在个人电脑中下载、安装和运行的客户端游戏；二是通过网页形式在个人电脑中通过浏览器等工具直接打开和运行的网页游戏；三是在以手机为主、平板电脑为辅的移动个人设备上运行的移动游戏。

随着商业环境的变化，中国网络游戏产业的各个环节也发生了相应的变化，这种变化表现在网络游戏行业的商业模式和产品本身。随着用户需求的深入把握及相关技术的不断成熟，我国网络游戏产业的发展正呈现以下特点。

一是越来越多的游戏可以付费操作了，但是会创造出更多的增值服务，让玩家心甘情愿投入更多时间和费用。二是跨界合作将成为网络游戏新的商业模式，这种方式可以将网络游戏的影响转化为真实的经济效益，同时也为传统企业品牌寻找有效的营销渠道，加快其转型。三是除了一些经典的大型游戏，轻松好玩、适合休闲类的绿色小游戏也在逐步扩大市场份额，越来越受到玩家的欢迎。四是我国将在自主研发游戏领域下大工夫，五是手机游戏逐步替代桌面游戏成为主流，因此也会有更多的网络手游出现。

但毕竟网络游戏是虚拟的，人们在现实中的压力，渴望在虚拟世界中通过游戏得以缓解。未来，网络游戏和可穿戴设备的巧妙融合会更加紧密，将增加人们玩游戏的真实体验。

五、网络媒体

网络媒体与其他各类传统媒体如电视、报纸、广播等一样，不仅是我们公众传播社会信息的重要途径，它们也是我们公众进行社会实践、交流、传播社会信息的重要传播工具和重要载体。

随着网络媒体的发展，用户门槛不断降低以及移动互联网用户的不断增加，人们越来越依赖碎片化时间阅读网络信息，这也催生了自媒体的火速发展，今日头条、抖音、西瓜视频等一大批自媒体平台，忽如一夜春风来。自媒体内容的主要表现形式有文字、图片、音频、视频等。而优质的内容总是备受追捧，从而孕育了一批又一批的网红、大V、带货能手等。而且自媒体具有个性化、碎片化、交互性、传播性等特点，正在红红火火地展开。

六、新能源汽车

随着碳达峰、碳中和目标的确定，我国新能源汽车行业快速发展。不少企业争相布局新能源汽车及其相关产业，"新能源汽车"也成为引爆资本市场的热门概念。

新能源汽车有四大技术种类：混合动力电动汽车(HEV)、纯电动汽车(BEV，包括太阳能汽车)、燃料电池电动汽车(FCEV)、其他新能源(如超级电容器、飞轮等高效储能器)汽车等。非常规的车用燃料指除汽油、柴油之外的燃料。

据中国汽车工业协会预测，新能源汽车将继续迎来高增长，2020年新能源汽车品牌融资金额首破千亿元大关。预计2021年销量可达180万辆。新能源汽车要想赢得新的发展，必然要实现政策和市场"两条腿"走路。这意味着，必须要有越来越多的创新科技从实验室走出，让更多的消费者从发展新能源汽车中受益。

第二节 新产业造就创富神话

过去十几年间,新经济创造了许多财富神话。如马化腾、马云、张朝阳、李彦宏、张一鸣、李佳琦、李子柒等,其中大部分人在十几年前并不被人所知,只是在最近10年,甚至5年内迅速完成了巨额财富积累,并进入公众的视野。

他们被称为"互联网教父""营销狂人"等。但是,当我们追溯这些年轻企业家的创富经历时,就会发现,他们是这个时代潮流里最会思考、最会探索、最喜欢创造的一批佼佼者,他们的努力,跟随新产业快速发展的步伐,也成就了他们自己的富豪人生。

一、张一鸣的野心

中国App下载量排行榜上,抖音以154亿人次安装量排行第一。今日头条以94亿人次安装量排行第四,这两个App的创始人都是字节跳动的创始人张一鸣。如今张一鸣的身价已超277亿美元,居全球富豪排行榜第56位。

张一鸣的原生家庭属于中产家庭,而在他的童年里,父母彼此聊的话题多是双方的朋友在国外搞了某项技术,做出了某个产品。受父母影响,耳濡目染的张一鸣从小就对电子计算机方面产生了浓厚的兴趣。

张一鸣学习很努力,成绩一向很优秀。高考时成功考入了南开大学,并且选择了微电子专业,但当他到大学后,发现微电子和计算机软件毫无关系,所以在大三的时候，他果断换到软件工程专业。

在上大学时，张一鸣只是做了三件简单的事，第一件就是看书，其实张一鸣从小就非常喜欢看书，他用别人玩游戏、打牌的时间阅读了各种各样的书，这对于他后来在创业中顺境、逆境都有很大的帮助。第二件就是码代码，码代码本来就是他的专业，他是搞技术的，不断地敲代码，让他的专业知识更加巩固，对各种代码非常熟悉，也为他日后创立今日头条打下了基础。第三件就是修电脑。一个大学生不努力学习，居然沉迷于修电脑，这的确让人感觉奇怪，但他在修电脑的同时，其实也是在加深自己对计算机硬件的认识。

2005 年，大学毕业后，张一鸣断断续续地进行了 5 次创业。

第一次创业：2005 年从大学院校毕业，他便组建了三人小组，研制出一款专门为企业开发的 iam 协同办公系统，然而这款产品在市场定位上的错误，使得这次创业失败。

第二次创业：2006 年，进入北京旅游搜索网站酷讯，负责酷讯的搜索研发。他在北京酷讯公司第二年后，就已经管理四五十个人的团队和产品，负责所有的后端技术，同时也负责很多和产品密切相关的项目。

第三次创业：他以合伙人身份，加入饭否，负责饭否的搜索、消息分发、热词挖掘、防作弊等方向。正是这一段与王兴的共事经历，使得张一鸣在产品上的天赋被挖掘出来，当时他对信息的分发已经具备独到的见解，这也为他后来创办今日头条打下了基础。

第四次创业是被动的，当时饭否因为版权问题被关闭，之后张一鸣只好开始了独立创业的路线，创办了中国房地产的垂直信息搜索引擎"九九房"。

2012 年，张一鸣宣布自己辞去九九房中国首席执行官一职，开始了第五次自主创业，专心做起了今日头条。今日头条背后其实是一个依托内容推荐的搜索引擎，用户在通过微博、QQ、微信等多种账号并对系统程序进行自动登录后，计算机搜索技术和分析算法将以头条关键字等重要元素数据，来准确地快速判断每位头条用户的阅读兴趣和娱乐爱好，从而在全网捕捉到头条相关媒体信息，使用户可以轻松实现对今日新闻、博客、问答等各类泛网络媒体相关信息内容的实时个性化综合推荐。

截至 2020 年 8 月，包括抖音视频、火山视频在内，日常所积累的多个活跃社交账号已经累计达到超过 6 亿人次。继承了微信、淘宝等全国性使用的超级用户 App。

之后，抖音又正式跨入了超级歌手 App 的音乐阵营，抖音不仅在国内非常火爆，抖音国际版 Tik Tok 也加入全世界的超级 App 阵营，连续多年占据了全世界下载榜第一位，是美国当地年轻人的主要消遣娱乐软件。

如今，张一鸣依然是中国互联网最为活跃的企业家之一。他的今日头条，正是抓住了搜索引擎 + 平台的新模式，造就了一大批依靠内容创造财富的自媒体产业群。然而，张一鸣的野心不止于此，2019 年 1 月，张一鸣又在加码人工智能新产业的落地，不久以后，也许以今日头条、抖音为依托的智能机器人就会出现在你我的生活中。

二、李子柒凭啥卖出了上亿元的身家

从 2016 年的《兰州牛肉面》算起，李子柒已经爆红了将近五年。她的视频，在 2021 年年初的时候，以 1410 万的 YouTube 视频订阅量刷新了吉尼斯世界纪录。虽然世界上还出现过俄罗斯版李子柒、越南版李子柒等一大批跟风者，然而李子柒本人一点不担心被取代和被超越，因为她用坚忍和辛苦的努力，打出了一片内容创新、持续输出的路子。

李子柒，川妹子，"90后"，知名的美食视频博主，微博签约的自媒体人。这个川妹子虽然没有高学历，命运多舛，但是她仍然不怕吃苦，有一颗积极的上进爱美之心，勇于实践，努力地去做，最后她才能做出骄人的成绩。

2016年年初，李子柒就已经开始了一段自己手作的宣传视频。前期的整个视频从撰写剧本稿到编导、摄影、出镜、剪辑等均是由李子柒负责。李子柒的这些作品的主要题材，都来自古老的中华传统文化，以文化传承为精神内核，以绝美的视频为载体，围绕她的衣、食、住等生活的方方面面细致地展开，给人们一种向往中的诗和远方的诗意生活。可以说，李子柒的美食视频，不仅是给观众种草，更是给观众造梦，让大家看到，那种与世无争、充满诗情画意的田间是生活可以成为现实的。

如果说李子柒的千万粉丝，是因为她优质的内容深耕而得来的，那么"IP李子柒"的个人品牌构建则是建立在对"乡村古风生活""传统美食""传统文化"等这些标签的跨越性加持上，让她连续五年成为网红界的顶流而且长盛不衰。

而李子柒变成"IP李子柒"之后，把流量转化成商业利益，尽可能地扩大其身上隐藏的商业价值也成了资本的最大诉求之一。

果然，紧接着"李子柒""柒""东方美食生活家"等便都被注册成了商标，经过一段时间的沉淀之后，李子柒的淘宝旗舰店便逐步完成上线，进军电商，扩展她的商业版图。自此，这个从农村走出来的普通女子，拥有上亿元身家也就不足为奇了。

第三节　苹果、脸书和特斯拉是如何改变世界的

一、苹果：精益求精创造新需求

当我们谈到智能手机，似乎苹果公司已经成为一个无法绕过去的存在；而提起苹果公司，乔布斯这个名字似乎又成为这家科技公司的精神图腾。如果选择用一个词语来形容乔布斯对产品的要求，那么一定是"精益求精"。对产品的近乎严苛的要求，是乔布斯能够取得成功的重要原因。同时其身上所具备的艺术气质，也成功帮助苹果公司的产品成为最具科技感和时尚感兼备的产品。

事实上，乔布斯的这一特质在20世纪80年代中期，苹果在个人电脑市场中面对巨头IBM冲击的时候就可见一斑。当时虽然苹果公司在个人电脑市场领域已经占据了先机，但是IBM公司拥有完整的销售体系以及成熟的相关技术，对苹果公司而言无疑是一个十分强劲的对手。

不过在乔布斯的带领之下，苹果公司的研发团队很快就制造出了新的产品，也就是风靡一时最终成为经典的个人电脑Mac。这台划时代的产品成功帮助苹果公司打了一个翻身仗，并且为公司创造了大量的收入。

事实上，除了80年代个人电脑的划时代之作Mac之外，乔布斯还为苹果开创了第二个黄金时代。那时候苹果的电脑业务在微软的围攻之下步步败退，已经陷入危急存亡的时刻。而此时乔布斯却因为与董事会意见不合而被扫地出

门，不过为了应对这次危机，董事会还是将这位天才请了回来，而这一举动拯救了苹果公司。

乔布斯再次创造了奇迹，其带领团队制作出了智能手机的划时代作品——iPhone。这台手机一改之前功能机的呆板与无聊，使得手机从一个通信工具，变得更加多元化，承担了包括社交、游戏、娱乐等多种功能的移动终端。其实这一创意就是借鉴了其在个人电脑上的成功经验，将手机做得像电脑一样，这就是 iPhone 所做到的事情。

除了 iPhone，在乔布斯的力主之下，苹果公司开始向多元化发展，同时发展耳机、平板电脑、手机音乐播放器等多个产品的开发业务，同时开始推出自身的收费营运体系，这些举措使苹果公司的抗风险能力变得越来越强，同时也为公司创造了大量的营收。

确实，这些举动看起来很诱人，同时也取得了巨大的成效。但是归根结底，乔布斯之所以能够成为苹果公司的精神图腾，与其对产品精益求精的态度，以及对艺术感的追求是分不开的，这也是乔布斯能够成功的核心原因。可以说，是乔布斯的精益求精，改变了苹果公司的命运，而苹果产品的横空出世，则改变了整个手机产业的格局，智能手机的时代开启了。

二、脸书：从哈佛冲出来的社交平台

20 世纪末期，电脑的迅速普及，带来了互联网的发展浪潮，但是，这一浪潮在 2000 年 3 月到达巅峰期之后一路而下，互联网企业集体遭遇"滑铁卢"，遭遇了巨大的市场冲击。当时，还是社交网络巨头的 Friendster 和 MySpace 都遭受了重创。谁也没想到，一个大学二年级的学生扎克伯格，在哈佛大学的宿舍内，成功创造了 Facebook（以下简称脸书），并且一发而不可收，高歌猛进，成为全球炙手可热的社交平台。

脸书刚成立的时候，仅对哈佛大学学生开放，页面简洁，仅仅是实名注册、上传照片、个人简介，而这三项在当初来讲，是个非常新鲜的社交诱惑，大家都想在网络上寻找心仪人选的信息。后来脸书很快流传开来，普及斯坦福、哥伦比亚大学等。攻占了各个高校之后，扎克伯格推出照片识别功能，将照片与社交完美结合，由此逐步渗透美国各年龄段用户层。

就这样，脸书在一步步扩张和优化中，逐步占领了美国市场，并成为当时最流行的社交网络平台之一。2008—2011年，脸书从整个美国迅速扩张到全球，公司并不满足于美国市场，而是意在通过发展成为遍及全球的移动社交服务平台，面对全球的战略和布局随即被广泛宣传和逐步铺开。

2009年，脸书的全球独立用户访问数量规模远远超过它的主要竞争对手的MySpace，达到1.24亿。此后一段时期，脸书陆续上线了更多的聊天功能，并且积极探索整合了手机短信、E-mail等多种网络通信渠道，使得亲朋好友在线聊天的通信功能更强大。2011年，脸书将Messenger做成了独立的聊天应用。自2008年起，公司便开始着眼于开发全球用户，扩大全球业务网络覆盖范围。

公司于2012年5月在纳斯达克上市，市值约为1047亿美元，超过亚马逊、惠普、戴尔等行业龙头。作为当时全球最大互联网公司IPO，公司融资额高达160亿美元，通过一系列大手笔并购，公司的全产品社交网络粗具规模。

脸书的惊人发展，不仅改变了互联网一代的社交习惯，拓展了人们工作和生活中的社交行为方式，而且通过真实的网络社交，开启出多元化的变现方式。比如，不断创造满足消费者需求的产品，还有就是让一种资源成为核心竞争力。

举个例子，2014 年，脸书以 190 亿美元收购了即时通信应用 Whatsapp。这种在相关领域不断投资收购，建立产品矩阵，巩固竞争优势的打法，后来成了业界惯例。

三、特斯拉：一家梦想改变世界的公司

说到特斯拉就不得不和大家介绍一下电动车历史，可能很多对汽车历史发展不是很了解的朋友会认为，电动车的发展是最近几十年才出现并兴起的。其实不然，早在 1873 年英国人罗伯特·戴维森就制造出第一辆实用的四轮电动汽车，这比现代汽车"鼻祖"的卡尔·奔驰于 1886 年公开测试的第一辆内燃机汽车"奔驰 1 号"还要早 13 年左右。

但由于当时电动汽车在生产成本和制造技术上受诸多不利条件的限制，再加上其电池续航力和行驶时间里程较短等种种原因，20 世纪四五十年代，电动汽车在与燃油汽车竞争时败下阵来，从而陷入长期的低迷，直到石油危机的出现，才让电动汽车又重新进入人们的视野。

20 世纪八九十年代，日本、美国等发达国家相继制造并开发了许多新型电动车，例如克莱斯勒和德国丰田等品牌都出产了电动汽车。名气最高的是通用汽车公司在 1990 年洛杉矶国际汽车展上展出的一款新型双座电动概念能源跑车，成为 20 世纪 90 年代电动车的经典之作。但是，它们最终也只能是昙花一现，直到特斯拉出现。

作为现代最成功的发明家之一，马斯克具有无限的激情和巨大的创造力。不可否认，他那些古怪的发明引发了极大的关注。

2008 年，马斯克已经成为特斯拉的首席执行官，开创了具有突破性的电动汽车技术，包括 Model S、Model X、Model 3 以及最近推出的具有未来感的

CyberTruck。马斯克不仅带领特斯拉进入了汽车行业，他还创造了尚未发布的蛇形机器人充电器、特斯拉移动集装箱商店、超级充电站，还有价值 3500 美元的电力墙。当然，还有即将成为世界上最大建筑物的 Gigafactory。

其实在加入特斯拉前，马斯克就已经取得了惊人的成就。1999 年，一项革命性的金融服务和电子邮件支付技术诞生被称作 X.com。大约一年后，X.X.com 和彼得蒂尔创办的一家金融行业初始人投资公司也和 Confinity 公司进行了战略合并，更名时称为 Aypaypal。

在马斯克掌舵 Spacex 期间，他监督了"猎鹰 1 号"飞船和"猎鹰 9 号"飞船的研制，这两种火箭都是完全可以再次重复利用的。

第四章

新业态颠覆旧有经济形式

第一节 不断更新的新业态

——数字经济、智能经济、生物经济、绿色经济、流量经济、创意经济、共享经济

一、数字经济

数字经济是人们通过对大数据（即一种数字化的知识和信息）的识别、选择、过滤、存储和使用，实现对资源的快速优化配置与资源再生，从而促进经济的高质量发展。数字经济，有广义和狭义的概念，凡是直接或间接地利用数据来指导资源开发利用，推动我国社会生产力进步的经济形式都可以纳入数字经济的范畴。

在互联网和信息技术领域，包括大数据、云计算、物联网、区块链、人工智能、5G通信等新兴科技，在应用领域中，"新零售""新制造"等也是数字经济的典型特征。

2015年，国务院出台了《国务院关于积极推进"互联网+"行动的指导意见》，要在以下两个时间点，实现数字经济的阶段性发展。

第一个时间点是2018年，所以2018年之后，中国市场经济全面进入转型升级阶段，这时期是一个重要的起点，也是每一个企业都需要抓住的时间点！

第二个时间点是2025年，要建立和完善一个网络化、智能化、服务型、

协同化的新时期"互联网+"产业生态系统。

二、智能经济

"智能经济"是百度创始人、董事长兼 CEO 李彦宏在"2019 年第六届世界互联网大会"上提到的概念，是数字经济发展的新阶段。

智能经济是以效率、和谐、持续为基本坐标，以物理设备、电脑网络、人脑智慧为基本框架，以智能政府、智能经济、智能社会为基本内容的经济结构、增长方式和经济形态。数字经济经历了从 PC 的发明和普及，到 PC 物联网，再到移动互联网，今天已经进入了以人工智能为核心驱动力的智能经济的新阶段。智能经济将给全球经济带来新的活力，是拉动全球经济重新向上的核心引擎。

未来人工智能将从三个方面给我国经济发展带来巨大变化。首先，人工智能会彻底改变人类的生产方式，推动整个产业智能化的进程，将会有越来越多的职业被人工智能取代；其次，在人机交互方面，人工智能会改变我们日常生活的很多应用场景，比如我们已经实现的，可以搭载对话式语音交互系统的人场场景；最后，在智能经济的基础设施层面，人工智能已经涉猎新型 AI 芯片、便捷高效的云服务、开放的深度学习框架、通用 AI 算法等智能化的基础设施。

此外，在医疗健康领域，由于智能技术的赋能，大量生命信息的数字化，新药研发的速度将大大加快；在金融领域，人工智能、大数据等信息技术与行业端的深度融合，将为金融科技发展提供源源不断的动力。

三、生物经济

生物经济主要指的是以关于生命科学、生物技术和其他生物安全问题的研究、开发、应用等作为理论依据，建立在现代化生物技术产品和服务产业之上的一种综合性经济形式。生物经济同样对我国的经济社会各个层面带来了深刻变革；它为今后推动我国农业、健康以及医疗、能源、环境等各类新兴产业的持续发展，创造了一个崭新的和可持续发展的未来。

目前的生物经济主要侧重于对人类、自然、生命本身的重新理解和改变，涵盖了与生物健康相关的众多专业领域，包括生物食品与健康、生物制药与健康、生物化学冶炼、生物酶、生物应用化学品、生物资源、生物化学材料、环保和自然生态管理等众多相关行业。

作为世界上的人口大国，我国发展生物经济尤为重要。随着我国人口数量的增长、不可持续再生资源的消耗和减少，以及现代人对于生活的品质和环境素质要求的进一步提高，社会正日益面临着许多与食品、营养、健康、资源、环境等密切相关的问题，而发展新型生物经济则更加有利于解决这些重大的问题。

四、绿色经济

绿色经济是以市场为导向、以传统产业经济为基础、以经济与环境的和谐为目的而发展起来的一种新的经济形式，是产业经济为适应人类环保与健康需要而产生并表现出来的一种发展状态。

绿色经济与其他传统经济之间的主要差异在于：传统经济主要是以破坏自然生态平衡、浪费能源与水资源、损害社会和人体健康等方面为基本特征的经济，它们都是损耗型经济；而绿色经济是以有效地维护和改善自然生存环境，合理地保护自然资源和能源，有助于人们身心健康等发展的经济，它是一种均衡型的经济。

我国在加快推进生态文明建设时的一个根本目标就是把我国建成"美丽中国",党的十八大报告中,明确指出了绿色发展是我国建设和推进生态文明的重要手段,由此我们可以清楚地看出,绿色发展的根本目标就是把我国建成"美丽中国"。绿色发展推动着我国的经济持续、健康地发展。绿色经济又一定能够带动我们在绿色政治、绿色社会绿色农业、绿色文化等方面的发展,并最终改变和保护人们的生产和工作环境,提升我们的物质生活水平。

人与自然之间是一个生命的共同体,只有严格地遵循自然法则,才能有效地防止人们在开发和利用自然方面走弯路。

五、流量经济

当互联网兴起,以电商为代表的流量经济突飞猛进。电商平台、搜索引擎、新闻资讯,更多流量就需要更多广告和投入。商业的本质都是流量的获得,互联网改变了流量获得的方式。即便是电商,也随着移动互联网的崛起而产生了很多不同形式的流量经济。

以前在电脑 PC 端的时代,我们网上购物是在电脑上完成,这是一种传统的电商模式,也是一种流量经济。当我们的网络技术从 2G 发展到 5G,流量也从 PC 端延延伸到手机端。原来百度的流量最大,移动端发展之后,淘宝的电商流量最大。而现在,腾讯微信、今日头条、抖音等成了巨大的流量平台。依托于社交流量的新零售模式也逐步发展起来,创造了很多惊人的红利,包括李佳琦、李子柒、薇娅以及一种流量明星等,都在这一潮流下创造了很多带货传奇。

六、创意经济

创意经济也称创意产业、创新经济、创意工业、创造性产业等。指那些从个人的创造力、技能和天分中获取发展动力的企业,以及那些通过对知识产权的开发可创造潜在财富和就业机会的活动。它通常包括广告、建筑艺术、艺术和古董市场、手工艺品等。

随着当前中国经济与社会的不断进步快速发展,创意经济的内涵与外延也变得越来越广阔。21世纪以来,全球对于创意产品的贸易量一直在持续上升,其贸易总量以每年7%左右的速度递增,显示出这个与文化相关,包括广泛产品和服务的经济领域的发展潜力。

从全球看,中国占据全球艺术品拍卖市场超过三分之一的份额,其电影行业迅速发展,同时中国也已经成为家具、时尚和珠宝等产品设计的重要创造中心。创意经济已经成为一股不可忽视的新业态力量。

七、共享经济

在人们的工作和生活中,共享经济已成为推动我国经济发展的重要推动力。共享经济促进了我国市场经济增长,促进了人们对于消费方式的转变。

共享经济由三个根本性的要素构成:闲置的资源、共享的平台及所有者的参与。共享经济是指利用互联网平台整合闲置商品资源,使资源利用率最大化。共享经济的运作首先需要供给方提供闲置资源,并在一定的时间内转让资源的使用权,这一转让需要在第三方平台的帮助下完成,然后提供方获得一定的补偿。共享经济是对传统经济模式的创新,是依靠科技创新的新经济模式。

经过发展，共享经济也经历了许多变革：供给面由传统的个人向企业转变；资源从传统的闲置资源逐渐转变为专门的资源；共享平台从分散式转变到专业的信息技术软件平台，共享所要求的应用领域也越来越广泛，共享的有效性也得到了明显的提高；共享包括的范围也几乎包含了人们的饮食、衣着、住宿、交通以及其他各个方面。应用的广泛，鼓励了更多的社会主体积极参与经济创新，为我国共享经济的形成和发展带来了多种发展的可能。

第二节　新业态是对原有经济形式的突破和创新

一种新业态的出现，并不是偶然的。它是将原有的经济形式进行了突破和创新，改变了商业运作的规律和人们的消费习惯，以下举的两个例子，都是共享经济的典型。

一、Uber 改变了什么

Uber，2009 年成立，2010 年 6 月正式在旧金山地区推出该项服务，仅仅花了 5 年时间，就成为全球估值最高的非上市公司之一。虽然 Uber 在 2019 年 5 月登陆纽交所之后，发展并不尽如人意，但是我们依然可以从它早期的发展历程中，看出创始人是如何一步步突破原有经济形式的。

Travis Kalanick 是 Uber 的创始人之一，也是首席执行官，"一开始，这只是一个提供生活服务的公司。你按一下按钮就能叫来一辆车。这个圆形按钮是什么？这就是一个可以在八分钟内叫来一辆车的按钮"。

在 Uber 出现之前，美国的出租车行业，饱受诟病。以前想要去一个地方，打车简直就是噩梦。您要么站在外面，挥舞手臂，又或者打电话叫出租车（如果您有司机的号码），都可能要等上 20 分钟车才来。

到达目的地后，您又得摸口袋找车费加小费，碰到有些司机从来找不出零钱的、"忘记"打表的，或者他的信用卡机器"损坏"，您还得跟他周旋一番。

总之，很少有人会享受打车和使用出租车服务的舒适。Uber 出现以前，出租车服务完全被出租车司机垄断，司机对顾客敷衍了事，缺乏尊重。

迫切想找到替代服务的顾客他们只能忍受这种糟糕的待遇，又没办法令其做出改变。Uber 则很好地利用了客户的失望和需求。

Uber 在几个关键方面完全改变了私人出行的方式。第一，智能手机上的客户端载有谷歌地图，顾客可以在地图上看到离自己最近的车在哪里，在屏幕上确定一个见面地点，再叫一辆车到那里等候。在查看车辆向自己靠近的同时，顾客还可以看到司机的信息（包括评级）。

第二，Uber 司机会打电话或发短信告知顾客他们在来的路上，让顾客安心，知道有人接单了。叫的车到了后（通常在几分钟内），司机会称呼顾客的名字然后让顾客上车。

第三，Uber 的车辆是更经济实惠的，由一系列装备齐全的轿车组成。顾客到达目的地后，Uber 应用会向顾客的账户收费，顾客可以去做自己其他的事情，因为不需要找现金、找钱、给小费或者拿发票，就可以直接下车。Uber 扫除了一般出租车服务交易的障碍，整个过程也十分舒适。

第四，Uber 的增长由好几个相关联的活动部分组成：首先是密集的本地"城—城"拓展。Uber 如此迅速的发展得益于他们发展模式不是"一刀切"。在旧金山奏效的方式并不一定会适用于芝加哥或纽约，他们因地制宜运用各种策略，一个城市一个城市拓展业务。每一个城市的发展都是由其自身的政治、法规和利益构成的，Uber 需要依托于每一个市场的具体情况来制订拓展方案。Uber 之所以最终能够成功地在每一座城市获得发展，也是因为他们可以因地制宜，了解汽车的来源、特殊利益和对这些驱动力影响的考虑。

其次是 Uber 自身的发展潜力。该公司不仅改变了很多城市叫车的方式，还整体改变了车辆拥有制度和交通出行方式，利用一种全新的方式使用现有的交通设施资源。Uber 明白，一旦客户搭乘 Uber 车辆，从此 Uber 就会成为他们出行的首选。有了这样的认识和自信，Uber 很自然地免费提供首次搭乘服务。该公司每天送出价值 20 美元的搭乘积分，让新用户免费搭乘 Uber 车辆。这种刺激方法消除了很多新用户的疑虑，而在体验 Uber 之后，他们极有可能成为长期的 Uber 客户。

Uber 是一个很有意思的成功案例，它被认为是真正具有颠覆性的创意之一，彻底地改变了一个产业，改变了这个时代人们长期以来的一些传统观念和生活习惯。另外，他们在社会上的成功，即在各个不同的既得利益集团之间形成并建立了一种更加多元化的市场，堪称企业家和创新者的榜样。

二、闲鱼：一个最接近共享经济概念的二手平台

闲鱼成立之初，设计了四大动脉：移动化、人人可参与、天生互动和交易要产生价值。但仅仅做到这四个方面，只能完成共享经济 1.0 的任务。真正要让闲鱼为共享经济代言，它还要进阶完成 2.0 任务。

第一，提高了用户信息分发效率。Uber 等在线打车服务软件公司就是此类应用领域中最优秀的案例。它们在结构整体上对汽车资源配置进行了分类梳理与组合错配，使得汽车的空置资源比率不仅没有下降，使用效率却有明显提升。用户在线直接下单，司机即时在线接单，在很短的时间内就已经基本完成了对用户信息的实时共享与信息分发及其在交易中的撮合。

同时，闲鱼公司不断地致力于对大量的用户数据进行捕捉，使信息解读更加有效。它打通了淘宝接口，能实现搜索关键词的精准推送，猜出用户在当下最需要什么样的商品，例如一块奢侈品牌手表或者一张演唱会门票。

第二，提升信任关系效率。在我国很多传统的经济业务中，例如快消品，消费者往往通过品牌营销、广告投放等方式去建立自己对于产品的满意度。而现在已经进入了"共享经济"的新时代，每个卖家都可能是一个独立的品牌。

在闲鱼完成了以上两个动作之后，闲鱼才能实现用一套内部流程去管理社区的命题。比如全球最大的度假住宿短租网站 Airbnb，用户到达房间后，是自给自足办完入住的程序，包括交钥匙这种在传统酒店需要前台人员服务的事情，都是依靠顾客和户主前期的充分沟通，自己完成的。

对照这一案例，闲鱼尝试输出这样的价值观：平台为每位用户都提供了一种基础性的运行原则，在平台上分别设置了塘主和鱼池，使他们完全能够利用规则来解决内部争议。

目前咸鱼要做的，就是门类的扩充，将"蛋糕"做大，实现全方位覆盖。

第三节 乡村旅游新业态中的生机

乡村旅游,是当下中国旅游产业发展的新热点,也是最有潜力的新产业板块之一。中国的乡村旅游已经涌现了农业公园、休闲农场、乡村露营地、庄园、乡村历史文化博物馆、农业博物馆、民宿等十余种新型业态。

当前,我国乡村旅游业正从传统的农家乐形式,向着观光、休闲、度假等综合类型转变。而个性化、休闲生活时代的到来,也将使乡村旅游产品走上创意化、精致化的发展时期。

总体来讲,乡村旅游新业态呈现出以下特点。

一是实现了乡村旅游的全域化、特色化和精品化。

许多地方往往共同规划、协调发展,以全村、全镇、全县范围来做乡村旅游。在推动乡村旅游的过程中,为避免同质化竞争、取得差异化优势,各个村镇实行诸如"一村一品""一户一业态"的差异化发展策略,深挖潜力,精心设计,打造精品,使乡村旅游呈现出特色化、精品化的特点。

二是新产品、新业态、新模式层出不穷。比如,浙江省面对较多的境内外高消费客源,发展出了像裸心谷这样的高端乡村旅游产品。北京市郊区,近年来乡村旅游发展也很快,出现了很多新业态,迎来了蓬勃发展的势头。

三是乡村旅游的理念逐渐演化为更加休闲的乡村生活。城市里的人们,已经不再是单纯地跑到乡村领略美景,而是为了逃避城市拥挤的环境,嘈杂的竞争和喧嚣的气氛,实现自己短暂的田园生活梦想。于是开始走进生态环境更加美好的乡村，享受更加健康的有机生态食品和生活方式。

目前，中国乡村旅游呈现出十大新业态。

一、国家农业公园

国家农业公园，是"农业—乡村"旅游的高端形态，结合了乡村休闲和农业观光。有时候，它是市、县、区等多个园区相结合的区域，也可能是一个独立的巨大园区。借助天然的农业资源，不仅有丰富的传统农耕文化展示、现代农业生产展示等，还可以提供民俗体验、健康农产品销售等服务，是集农业生产、农业旅游、农产品消费为一体，以解决"三农"问题为目标的现代新型农业旅游区。

比如，山东省苍山兰陵国家农业公园，是中国第一个建立的国家一级农业森林公园。总面积62万亩，其中产业核心区2万亩，示范区10万亩，辐射产业地块50万亩。整个园区共细分为11个主要职能示范区：现代农耕作物文化旅游示范区、科技成果旅游展示区、现代农业旅游示范区、花卉苗木旅游展示区、现代农业种苗作物繁植技术推广旅游示范区、农耕作物采摘文化活动旅游体验度假区、水产动物养殖旅游示范区、微滴泉水灌溉旅游示范区、民风与众多的传统民俗文化体验度假区、休闲与健康养生旅游度假区、商务与旅游服务区。

二、休闲农场、休闲牧场

休闲农场是指依托生态打造田园般的自然乡村环境，有一定的边界范围，以当地特色大农业资源为基础，向城市居民提供安全健康的农产品和满足都市人群对品质乡村生活方式的参与体验式消费需求，集生态农业、乡村旅游、养生度假、休闲体验、科普教育等功能为一体，实现经济价值、社会价值和生态价值的现代农业创新经营体制和新型农业旅游产业综合体。

在这方面，中国台湾的休息农场比较有名。其中最具代表性的有香格里拉休闲农场、垦丁牧场、飞牛牧场、初鹿牧场、天马牧场等。一般来讲，这些农场里面除了有传统的滑沙、滑草、骑马、放牧等活动，还会售卖一些相关产品，比如牛奶、牛肉制品。在环境布置上，会设置一些小型的植物园或者动物园，提供有观赏价值的本地特色动植物，比如羊驼、蝴蝶园等，为农场增添光彩。

三、乡村营地、运动公园、乡村公园

乡村露营度假区当前正在积极接轨，以迎合国内市场的旺盛需求，满足全国各地乡村自驾游的消费人群。乡村营地休闲旅游被普遍认为是目前在国际上十分普遍和较为流行的一种新型休闲度假旅游方式。

比如北京丰台区"桃花深处"汽车营地，拥有房车区、帐篷区、木屋区、野餐区、休闲健身区五大功能区，引入国际房车露营协会五星标准。

四、乡村庄园、酒店、会所

乡村庄园是以养生度假生活为突出特点的高端旅游业态，未来度假庄园可以成为引领乡村旅游升级发展的重要产品。乡村庄园将是代表中国农村今后发展的重要方向。

乡村庄园和乡村酒店在国外兴起较早。英国就有典型的乡村庄园，以田园诗般的城堡和村落著称。法国的香草庄园主要分布在地中海沿岸，因芳香浪漫而闻名世界。

国内有重庆金佛山中草药庄园，集草药养生园、养生会所、艺术庄园、温泉庄园、养老庄园、企业庄园于一体。

五、乡村文化博物馆、艺术村

乡村文化博物馆：通过集中选择多处古民居、古村落、古驿道街巷，进行乡村历史文化遗产的发掘保留、整理及后期维修再开发利用，建成一个具有综合性、生命科学力量丰富的大型乡村文化博物馆。其主要内容包括保护乡村的民俗风情文化、建筑景观园林文化、姓氏文化、饮食文化、婚礼庆祝寿庆礼仪文化、耕读技艺文化等。

艺术村：为艺术家的创作和研究工作提供了空间上的支撑，让每一位艺术家都能够进入一个充满激情的氛围。在国外，艺术村很普遍，国内还在大力开发中。目前比较知名的有山西许村国际艺术公社、浙江松阳沿坑岭头画家村、纽约格林尼治村、法国圣保罗艺术村等。

六、市民农园

市民农园又称社区支持农园，是指由农民提供耕地，农民帮助种植管理，由城市市民出资认购并参与耕作，其收获的产品为市民所有，其间体验享受农业劳动过程乐趣的一种生产经营形式和乡村旅游形式。

于是，"周末农民"的概念也就诞生了。周末农民是指居住在城市的白领来到农村租用农民的耕地，在田地里面种植自己喜欢的蔬菜，这些蔬菜平时主要由农民照顾，社区居民可以根据自己的时间安排去自己的田里浇水、施肥、收获成果。

目前国际上市民农园、田间园艺非常流行，大有超过高尔夫的趋势。比如，日本仙台园艺中心，可以为市民提供农园体验田，非常火爆，需要摇号才有机会。

七、高科技农园、教育农园

高科技农园立足于农业优势产业，探索现代农业发展新路径，突出科技引领和示范带动，引进科技化和智能化项目，发展高科技农业。英国伊甸园是高科技农园的代表。

教育农园指经营者利用农业与农村资源，作为校外大自然教室，使人们接近自然生态，参与农耕过程，体验农村生活，让人们实质地接触与了解农业生产、农村文化与生活，并经供求双方的互动互补，带动产业与教育发展的农业经营形态。

比如上海崇明三岛现代农业园，以及深圳太空作物园。

八、乡村民宿

乡村民宿是利用乡村农家宅子的空余房间，为喜欢自然生态的城市人提供周末休闲的住宿。和以往的旅馆、酒店不同，这些民宿没有什么奢华的布置，人们入住的目的是体验当地的风情。

民宿的类型主要有农园民宿、传统建筑民宿、景观民宿、海景民宿、艺术文化民宿、运动民宿、乡村别墅、木屋别墅。

英国是民宿的发源地，在中国台湾地区、日本发展得比较好。比如我国台湾，民宿已经摆脱原来土气、低端的形象，向更加精致、具有文化艺术、多变的风格等方向发展。

九、洋家乐

洋家乐意指外国人办的农家乐。洋家乐崇尚回归自然、返璞归真，并坚持低碳环保理念。这些异域风情的农家乐，受到了大量外国友人和都市白领的青睐。莫干山裸心谷同时也可以划到洋家乐的范畴。近年来，在浙江省德清县莫干山麓，由部分外籍人士创办的低碳旅游新业态——"洋家乐"正渐成风尚。

在裸心谷，有各种亲近自然的活动——徒步、山地自行车、骑马、射箭、露天泳池、露天剧场等。

十、文化创意农园

以农业为基础、以创意为中心，融合了文化教育、科技与创意产业的时尚农业园区。比如北京蓝调庄园，将花卉和婚庆产业完美融合；而广西北海田园生态农业园，则融合了苗木和休闲娱乐；北京的通州南瓜园，则是创意南瓜的集合地。

如今，乡村文化旅游已经成为我国推动乡村振兴产业和加速振兴的战略重点和重要抓手。近年来，乡村文化旅游如火如荼，发展成为促进我国农村旅游经济、乡村旅游产业结构转型、促进乡村农民脱贫致富的主要途径。

与此同时，在数字经济的大背景下，随着移动互联网等新兴科学和信息技术的不断进步，乡村旅游也变得日益智慧化、数字化。互联网平台集聚能力强、涵盖范围宽，可以把分散的乡村旅游信息和资源整合到一个社区中，使乡村旅游信息化变得更加触手可及。与此同时，也开辟了我国乡村旅游产业发展的新天地，为我国创造了大量的农民就业机会。

第五章

新模式开启新消费

第一节　四新经济企业的四种模式

——基于产业链延伸融合、基于专业化分工深化、基于传统产业新型化、基于新技术引领

一、基于产业链延伸融合的模式

当今世界，新一轮科技革命和产业变革正在兴起。我国迫切需要通过发挥国内超大规模的市场优势，促进国内经济循环，为经济发展增添动能，从而在这变革中抢占先机。国内经济循环的主要表现就是产业链循环。扩大内需成为国民经济循环的战略基点。我们不能简单地认为只有最终消费才是内需，其实在产业链的每一个环节，都会产生需求。所以，如果想让国内经济循环起来，就要关注产业链内每一个环节的市场需求和技术供给。也就是说，要鼓励基于产业链延伸融合的模式。

从产业链的角度来讲，国际经济循环包括供应链和价值链。对应于产业链上不同环节的中间品供应，形成了相应的供应链。产业链的不同环节有不同的附加值，这就产生了相应的价值链。那些能够在全球产业链布局的产品，一般来讲，科技含量高，市场需求大，需求较为稳定。所以，评价一个国家的经济实力的标准，有一点就是国家的产业在全球的价值链中处于什么位置。

我国的大部分产业是通过依靠资源禀赋的比较优势嵌入全球价值链的，

高科技的高端环节通常不在我国。这就迫切需要我们通过疏通产业上下游的关系，保持产业链的稳定性和竞争力，还要建立自主的现代化产业体系，促进国内产业链由国外转向国内，转向产业链的内循环，同时通过加快科学技术的发展，促进产业链的延伸和融合。唯有依靠创新，产生具有自主知识产权的核心和关键技术，才能实现增长的内生性。

首先，要掌握自主知识产权，掌握核心技术，防止被发达国家封杀、断供的产业链环节。其次，要在那些中低端产业链中布局创新链。向上延伸至中高端环节，进行科技攻关，拥有关键技术。向下延伸至产业链底部，向研发设计环节延伸，提升价值链水平。这包括多种零部件、元器件的加工制造，例如汽车或飞机的发动机、高端半导体芯片、手机智能系统等；另外要向销售环节延伸，包括物流、服务等环节，利用"互联网+"提供的跨境电子商务平台进行市场和商业模式创新。

二、基于专业化分工深化的模式

专业化分工本身具有"自我繁殖"能力，一方面，是因为各行各业的分工会向内发展，为创造新的专业提供条件。产品的价值链越长，在技术上对价值链进行工序分解的可能性就越大。在垂直方向上，劳动分工的加长就能够吸引更多的企业聚集在一起。另一方面，专业化分工会随着技术的改进逐渐深化，而分工度的提高反过来又会促进专业的技术效率的提高。分工的内向和外向发展相互影响，效率与分工度的交互影响，构成企业的自我繁殖特性。在集群内分工深化的同时，集群间的协作也在发展，这种趋势逐步演化为地域分工的格局。由于产品具有互补性，不同产业群相互合作，新市场机会层出不穷，新产业集群不断涌现。

专业化和社会化的高度发展，就有可能形成地区性的新产品、新技术孵化器，国内外最新的技术就会向该地区聚集，从而形成企业集群发展壮大的良性循环机制。由于高度的专业化分工，大量的劳动力得以就业，不仅缓解了当地的就业压力，还能使生产效率成倍提高。说到底，专业化分工深化还是有赖于技术的提升。

比如，汇付天下、快钱，都专注于第三方平台支付这一环节。根据目标客户所在各个行业的不同特点，设计了一套能够打通整个产业链、供应商管理流程移动支付方案，并为企业用户提供了移动互联网小额支付、移动信用支付等金融服务。

再说说卡南吉、再新医药——研发全外包的"全外包新药研发模式"。所谓 VIC(VC+IP+CRO)，即设立新药研发项目公司，由其向风险投资 (VC) 融资并掌握知识产权 (IP)。具体研发工作全部外包给 CRO 公司 (新药研发合同外包服务机构)。无须投入实验室、研发设备等固定资产，研发成本仅为国际上的1%~2%，是目前全球效率最高的新药研发模式。

还有格科微电子——专做"微笑曲线"两端的制造模式。在集成电路的CMOS 图像传感器芯片领域，聚焦"微笑曲线"两端的研发设计和测试销售，既是芯片的设计商又是销售商，将制造环节外包委托给中芯国际等企业。

三、基于传统产业新型化的模式

中国的经济发展进入了新常态，为推动我国传统产业的转型升级发展提供了有力的支撑。一方面，企业已经认识到，靠廉价的劳动力和外延式的扩张不但无法获得丰厚的回报，而且很有可能会直接导致整个企业遭到淘汰；另一方面，快速的工业化发展也给我国增加了很多资金，为企业自主创新发展提供了牢固的物质基础。事实上，许多制造业公司已经在努力寻求技术与产品上的革命性更新。

在新经济常态下，对互联网的焦虑可能会被转化成企业进行转型和升级的驱动力。

比如，聚力媒体 PPTV 将互联网技术与传统的电视传播媒体有效地融合在一起。通过数字机顶盒，将移动互联网的视频节目资源直接搬到荧屏，观众能够自由地点播并掌控节目的播出进度。PPTV 通过收取广告费、内容版权费(PPTV 也自行投资内容拍摄)获利。

四、基于新技术引领的模式

随着新一轮的物联网、云计算，特别是现代人工智能技术的发展，在不知不觉间，新一轮的科技革命已经临近，并正在带动整个人类的生活方式、生产方式和人类思维模式发生一场根本性的改变。在新一轮科技革命的今天，国家竞争的重心将逐渐从数字化转向信息化。

目前，在这样一场以数字技术和互联网为核心的新一轮技术革命中，中国的赶超态势正在逐步凸显。在移动机器人及自动驾驶、智能制造、大数据、云计算、物联网以及互联网、金融科学技术等各个应用领域，中国的飞速跟进态势日益明显。不过，在我国新一代信息技术进步和发展的基本条件上，还是有所欠缺，尤其在集成电路、高精度传感器、基本设备和大规模的工业应用软件等各个方面都与发达国家有着较大的差距。

目前我国发展快速的是信息科技——云计算数据存储管理平台和云技术。向"阿里云"存储公司免费租用"云"的年度存储服务空间，以阿里云自主创新开发的存储空间压缩算法，为每一个仓库企业存储客户同时提供了管理文档的实时协作和管理数据库的综合存储管理服务平台，按照公司规定的使用年度和周期存储服务空间的占用大小适当收取相应的服务费用(每个存储企业不必再自行投入大量的流动资金，就有可能自行投资购买一套存储设备，可按照实际使用情况根据需要随时进行适当增减"云"的年度存储占用空间)。

再比如中国瑞华集团——新能源客车技术。采用"卖车+租电池+卖服务"的混合经营管理模式(其中，卖服务指的是车辆运行技术服务新能源大包)，瑞华可获得政府购车补贴，并按常规柴油车能耗费用和千公里维修费用，分别收取电池租赁费和技术服务费。目前已为上海提供电动公交客车及运营服务。

第二节　新模式下消费者行为的变化和发展趋势

一、消费者购买行为的变化

在传统意义下，消费者进行购买决策的整个过程是由问题辨识、信息收集、方案评估、购前决策及其购后行为等几个阶段组成。在早期问题识别阶段，消费者首先需要将产品信息的判断建立在已经对产品和服务产生联系的基础上。在信息收集阶段，要通过多种渠道来掌握产品和服务的信息，然后再确定购买决策。在使用了产品或服务之后，才会对购买行为作出评估，并通过行动表达满意或者不满意。

随着移动互联网的进一步普及和快速发展，消费者在行为决策中的心理活动也发生了巨大的改变。

第一，在"引起需要"的阶段。从前，消费者大都是因为身边熟人的各种刺激，而逐渐产生对某些商品的需求和购买欲望；而移动互联网促进信息传播的速度空前加快，致使某一地区局部性的潮流很快就会风靡并蔓延到整个社会，这也就使得广大消费者对其产生了越来越多的兴趣和需求，以及更大的购买欲望，更有可能直接刺激广大消费者。

第二，在搜索信息的阶段，消费者大多都是被自己的熟人所推荐或者从电视报刊等广告中获得的信息；互联网时代的发展极大地降低了中介、贸易、物流的成本，这也导致了消费者对广告内容的搜索成本大幅减少，消费者往往会在不经意间就遭受"广告的狂轰滥炸"。这在一定范围内拓宽了我国消费者收集和搜索信息的途径,但也导致了大量的消费者个人信息泄露及垃圾信息的传播。

第三,在评估备选项目方案的阶段。在互联网和大数据的新时代,消费者的每一行为动作都处于"天眼"监控下,商家将其消费者的偏爱和喜好触摸得清晰明白,自然就会导致产品的研发工作周期缩短及产品多元化。消费者便更加关注自己的商品是独特而又不可分割的。

第四,在进行购买决策的阶段。电子购物网络的广泛应用让消费者在做出决策的过程中更需要依靠别人的想法。我们在网上下单之前,总是想看看其他人对这件商品的评价,若是因为差评太多,消费者很快就会放弃购买这件商品。除了对商品的评论之外,消费者在网上购买一个大件的商品时,更是会通过浏览一些论坛、贴吧,去寻找对自己有用的资料和信息,以此为基础来帮助自己作出决定。

第五,在购买后期阶段。消费者在这个过程中,如自身合法权益被侵害,其进行维权的各种途径和补偿方式也会变得更加丰富。但因为消费者和维权商家之间的这种物理距离也造成了很多消费者进行维权索赔的困难,或者遇到商家的拖延,使得维权行为的时间成本变得更高。

二、数字经济下企业品牌的行为变化

耶鲁大学管理学院名誉教授莱维多尔(Ravi Dhar),是美国品牌营销战略领域的专家,他对数字经济时代下企业和消费者的决策行为有非常深入的研究,他认为,数字经济时代,除了消费者行为的变化,企业品牌的行为也随之发生变化。

首先，在社交媒体的新兴时代，人们每次进行网购活动时，都会观察到其他消费者的评价，因为这些评价比品牌所能提供的产品和服务资讯更加可信，所以口碑也就对品牌越来越重要。过去一个品牌赢得大局依赖于自己的规模，但在今天，一个小众品牌，如果自己的口碑较好，也有可能在互联网上脱颖而出。

其次，传统广告的投入模式，因为互联网的发展，受到了很大的冲击。过去许多大型品牌在投放广告时，都倾向于花费大量的金钱，然后再进行大规模的宣传。但是在互联网媒体的时代，情况已经变得更加复杂。比如，百事可乐曾经花费巨资为该品牌制作了一条广告，但是这条广告却在整个社交网络上遭到了如潮水般的攻击和批评，百事可乐被迫在该广告播出一天内就将其紧急地下架，并公开向消费者道歉。可见这种社交网络媒体的负面情绪给百事可乐品牌带来多大的影响。所以，当一个品牌想要大范围地投放广告时，要认真思考类似的问题。

再次，消费者在线下冲动消费的数量正在变少。比如，超市在收银台旁边，往往会摆设口香糖的货架，就是为了吸引顾客在结账的时候冲动消费。过去，在线下销售的时候，这一招还是很管用的。但是如今，很多消费者可以在网上购买了，销售渠道不再只是线下，那么这种冲动消费的渠道数量占比就少了，所以，线下的这种销售方式正在失去作用。

最后，可能还会出现新型市场垄断。现代科学信息技术需要巨多的时间和资金力量支撑。除了几家零售巨头，其他中小企业零售商也很难做到。

在未来，大数据不再仅仅关心"你买了什么"，而是更加关心"你为什么买"。目前对于客户资料和数据的分析，大多还只能停留在客户到底是什么时间、什么位置购入了什么，粗略。最有价值的资料其实是顾客为何购买。未来的互联网大数据将根据你的购物记录、工作日程、生活习惯，把每一个节点都串成一条线，琢磨得出这个"为什么"。比如，某位女士最近在网上买了一条很贵的裙子，数据显示，是因为她想去参加一个极其重要的晚宴，那接下来她的日程表上有去参加会议或者是派对的时候，商家就可以给她推送高端衣物和服装的相关信息。

这种帮助品牌精准传递个体的资料，很好地提升了市场营销的效率。想要真正获得这种"为什么"，既需要一种计算方法，同时还需要一个了解自己的品牌和市场。虽然大数据都是自下而上的，但还是需要从下而上地去看这些数据，人工智能就没有这样的眼光。所以，对于市场有一定洞见的投资者在未来更加重要。

也正因为如此，隐私权的界定对于监管部门来说，是一个很大的难题。人们非常关心数字时代的隐私问题，但莱维多尔认为，由于人们对隐私的界定不一样，监管变成一个难题。比如，一个人开车去机场赶飞机，路上交通拥堵。这时候，如果地图软件提醒他走另一条更通畅的道路，他会很欢迎；但如果这个人去的是一个他不想让别人知道的地方，在一模一样的情境下，如果地图提醒他，他可能会吓一跳。再比如，如果制药厂发现你有艾滋病，向你推送艾滋病药呢？消费者就不能接受。因为隐私是分场合的，但厂商很难知道消费者的情况，甚至有时候连消费者自己都不知道。由于很难界定隐私，所以在监管方面，很考验监管者和业界的智慧。

三、消费者行为发展趋势

在社交媒体时代，消费者期望和他们购买的品牌建立起联系，所以只有好的产品是不够的，消费者希望感觉到产品背后的品牌和他们有一样的价值观。美国快餐巨头 Chick-Fil-A 是一个爆红的炸鸡快餐品牌，却出了问题，不是说他家的鸡肉口味或者质量不好，或者客服、宣传出了错。唯一的问题出在这家公司给反同性恋组织捐款。很多喜欢这个品牌的人纷纷不再购买他们家的食物了。

为了做到成功，品牌企业需要认识到和他们在产品及服务一样重要的还有品牌的价值观、环保观念、技术的使用、个人体验，等等。比如这些年可持续发展一直是我们的不懈追求。受可持续发展观念的影响，消费者注重呵护自己，支持大健康产业，喜欢有机和绿色的东西。绿色的生活方式已经兴起，带动时尚品牌在人造皮革、可持续皮料和植物纤维等方面加大筹码。几乎每个月都有品牌宣告他们不再使用动物皮毛或者皮革，这股潮流在接下来几年一定会蔚然成风。

第三节 10个创新性商业模式大揭秘

商业模式的创新是指对企业的基本经营方法进行变革，企业要想获得核心竞争力，商业模式的创新是必不可少的。如今，在"互联网+"新形态下，出现了很多互联网思维的商业模式创新，前面一再提到的Uber、Airbnb等共享经济模式和以Warby Parker为始创的互联网直销模式，以及以顾客互动为本源的社区电商等，都是商业模式的创新。无论怎么创新，目的只有一条，就是帮助目标顾客实现不同消费层次的价值满足。

下面介绍10种创新的商业模式，让我们欣赏一下这些商业逻辑和互联网思维是怎么出现的。"机会就在我们身边。"也许，我们和企业家的区别，就在于看没看到随处可见的机会。

案例1：Warby Parker 开创互联网直销模式

互联网眼镜品牌Warby Parker是垂直电商领域的佼佼者。Warby Parker的做法其实很简单，就是向意大利和中国的生产厂家直接采购商品，然后把商品放在自己的官网上直接销售，省去所有中间商的环节。这一模式最大的诱惑力就在于，商品质优价廉还能获得健康的毛利率。在Warby Parker售卖的眼镜，95美元一副的，其品质相当于纽约零售价610美元的高档眼镜。在完成D轮融资后，该公司估值已达12亿美元，挺进"十亿美元"俱乐部。

案例 2：互联网床垫品牌 Casper 如何解决顾客"痛点"

Casper 是一家专注于互联网实木床垫的初创企业，这种新型可压缩实木床垫直接触动了消费者的"痛点"——有效地解决了现代化大体积实木家具在市场上的配送困难。

2013 年创立时，Casper 模仿了电商品牌 Warby Parker 直接面向消费者的电商运营模式，并打出口号说要成为"床垫行业里的 Warby Parker"。因为免除了中间商的佣金，价格实惠。事实证明，这种商业模式是有效的，在产品推出的最初 28 天，其销售额就已超过 100 万美元。

早期 Casper 之所以能够引爆社交媒体，是因为它"能装在盒子里"这一特点，而且为消费者提供免费配送。当床垫搬到卧室拆开后，会在 60 秒内恢复原样。这让消费者兴奋不已，知名度就这样在社交媒体大幅提升。第一年的销售额就超过一亿美元，连好莱坞巨星莱昂纳多·迪卡普里奥都投资了这家公司。

案例 3：Away，现代化行李箱品牌

纽约互联网直销行李箱品牌 Away，致力于打造一个面向现代用户的行李箱品牌。Away 也是一种直销模式，因为没有中间商，可以实现将高品质的行李箱以非常平民的价格卖给消费者。通常情况下，一款高质量的行李箱，价格通常在 500 美元以上，因为这中间包括各级批发商和零售商的附加利润。而 Away，可以以极低的价格将同样品质的行李箱卖给消费者。有趣的是，Away 的两位联合创始人早年都曾在 Warby Parker 工作，他们的目标不只是产品和价格的创新，也希望能满足用户的现代化需求，带来新的体验感。

案例 4：AUrate 为珠宝市场提供高性价比珠宝

AUrate 由兼职创业的两位女性联合打造，旨在建立一个高性价比的互联网高级珠宝品牌。同前面介绍的眼镜品牌、床垫品牌和行李箱品牌一样，创始人的初心，就是让大众用十分亲民的价格购买高端的珠宝。这中间只需要一个互联网销售平台，也是一种典型的缩短供应链的直销模式。AUrate 的产品都是采用真金、珍珠及钻石，经纽约工匠手工制作完成，产品价格从 50 美元到 3000 美元不等。

AUrate 品牌凭借产品耐用性、定价透明化、实惠的价格、材料来源可持续、回馈社会以及持续创新等特质赢得了非常多女性消费者的青睐。据悉，AUrate 90% 的客户都是女性，复购率达 40%。

案例 5：M.Gemi，一家颠覆高端女鞋市场的互联网女鞋品牌

互联网女鞋品牌 M.Gemi 专门销售意大利高端手工女鞋。同样效法了 Warby Parker 的成功模式，不通过实体门店或电商平台销售，而是跳过中间环节，通过 M.Gemi 官网将产品直接供给顾客。这样做的结果就是，在 M.Gemi 的女鞋，售价大多数在 128~298 美元，而那些欧美大牌奢侈女鞋，动不动就是 500 美元以上，甚至 2000 美元。

和 ZARA、H&M 等快时尚品牌类似，M.Gemi 在供货上也采取了小批量、高频次的做法。一般来说，一款鞋从设计到摆上货架只需要 60~90 天时间，第一批量比较小，后续按市场反映补货，并保持每周上新的频率。越来越多的年轻消费者们开始转向网络，去挖掘质优价廉的产品。

案例 6：Poshmark，美国的闲鱼

Poshmark 是一个二手货交易平台，主要为消费者解决两个问题：一个是让用户处理那些品质很高的二手服装，另一个是让一部分用户用十分便宜的价格买到心仪的服装。

与其他竞争对手如 The Real Real 不同之处在于，在交易管理方面，Poshmark 不是中间人，而是让买家和卖家直接联系。成立三年时间，Poshmark 注册用户达百万，目前已经推出 iOS 和 Android 客户端，90% 的用户都使用手机客户端应用，同样 90% 的收入也都来自手机客户端。

有意思的是，在这个平台上，有 25 美元一件的快时尚产品，也有 5000 美元一件的奢侈品包包，已经有超过 70 万名卖家入驻了这家平台，每天更新 200 万美元以上的新品，处理百万份订单。

Poshmark 要做的就是从这些成功的交易中收取一定佣金，仅凭这项收益就能达到 2 亿美元以上。

案例 7：Worthy，为私人卖家提供最安全快速的变现方式

美国二手奢侈品交易平台 Worthy 是增长最快的二手奢侈品在线交易市场之一，通过简化程序、鉴定商品等级，为私人卖家提供最安全、快速的变现方式，向认证买家拍卖产品，并获得最佳市价。

在 Worthy 平台上，买家可以从这个公共平台直接购买描述详尽、经过专业鉴定的奢侈品，使得买卖双方都受益。目前，在这个二手交易平台上，已经交易了包括钻石、珠宝、有色宝石、高端手表等一系列高端产品，而且销售额一直处于上升阶段。

案例 8：Glamsquad，一家提供上门服务的美容美发机构

在美国纽约有一家按需提供上门美容服务的供应商 Glamsquad，具体服务包括美发造型（45 美元/人次）、编发造型（75 美元/人次）、盘发造型（最低 85 美元/人次）、化妆造型（75 美元/人次）。自 2014 年成立至今共获得 2400 万美元融资，现金流水达到 4000 万美元。

和其他 O2O 概念的美容美发服务类初创公司不同，Glamsquad 并不是简单聚合市场上已有的服务提供方，而是打造了一支专属的专业服务团队，精选美发师、化妆师和美甲师，为顾客提供一对一的个性化服务，为了确保服务质量，Glamsquad 还建立了强大的专业人员培训体系。

Glamsquad 针对每笔交易收取 40% 的佣金，重复购买率相当高，平均每月使用两次以上 Glamsquad 服务的用户比例高达 50%。

案例 9：z Tailors——裁缝界的 Uber

z Tailors 是一家比较有意思的平台，创办人乔治·齐默曾经亲手创办了男装零售品牌 Men's Warhorse，但是两年之后，他就创建了 z Tailors，专门为裁缝和消费者牵线搭桥，顾客可以通过 z Tailors 的 App 预定裁缝，裁缝根据顾客要求对衣服进行测量、更改，于规定时间内交付并收取一定费用。乔治·齐默创办这项新事业的时候，已经 67 岁了。

不过，在这个领域里，乔治·齐默需要面对的是 26 岁的年轻竞争对手贾科莫·哈金。这位年轻人和父亲创建了一家名叫 Book A Tailor 的网站，使服装定制变得更加方便。齐默的新公司让裁缝修改顾客的已有服装，而 Book A Tailor 则是销售海外生产的定制服装。相同的是，这两家公司都是平

台销售，同样省去了中间商环节，为消费者省去了不少麻烦，当然也节约了资金。

案例 10：Polyvore，一个完善的时尚社区搭配网站

在 Polyvore，用户可以将喜欢的时装、配饰等单品进行自由搭配，并通过社区分享，同时了解其他用户的穿衣搭配。用户能做到这些的前提，当然是 Polyvore 完善的时尚社区的建设，以及以此为入口的商业模式，特别像国内的小红书。不过小红书涉猎的范围比 Polyvore 广泛多了。

Polyvore 的盈利模式除了网页上的广告收入以外，还对电商销售进行抽成。随着影响力的日益增大，Polyvore 与越来越多时尚品牌直接合作，每个月都会有超过 200 万件品牌时尚新品登陆网站。

Polyvore 已经被美国雅虎公司收购。预计 Polyvore 将为雅虎的广告平台带来超过 350 家零售商，并通过整合时尚社区和商业，强化雅虎的数字杂志和细分时尚领域的影响力，携手促进"原生购物广告"的发展，为零售商送去更多流量和销量。

第六章

我国四新经济的发展现状

第一节　当前经济发展的新常态、新趋势

中国经济新常态就是经济结构的对称态，简单来讲，经济新常态就是用增长促发展，用发展促增长。在经济新常态下，GDP的增长不再那么重要，而是要把GDP增长放在发展模式中定位，使GDP增长成为再生型增长方式、生产力发展模式的组成部分。也就是说，发展模式才是最重要的，如何创造出再生型的增长方式是当前经济发展的重点。

目前，我国经济的发展已进入新常态，我们必须改变经济发展方式，运用技术创新来促进经济的发展，才能够让社会效益和生产力得到极大的增强。

一、中国经济发展新常态的特点

近几年来，由于我国经济的快速发展，目前已经步入新的经济发展时期，这个时期势必会进一步促进经济的快速繁荣，展现出新常态的一些特点。

1. 增长动力多元化

随着我国市场经济与信息技术的进步，一些新兴产业也迅速发展，特别是物流和电子商务行业。中国的经济要改变过去依赖外贸和投资等方式来促进发展的方式，致力于从渠道到本质上进行创新，利用自身内在创新驱动能力，保障我国经济稳定、高效地发展。

2. 经济增长速度减慢

自从我国改革开放以后，经济得到了飞速发展，综合国力也得到了大幅

提升，成为世界第二经济大国。在2012年后，我国GDP的增长速度逐渐放缓，平均每年保持在7%左右，进入了调整期。

2020年受新冠肺炎疫情影响经济增强进一步放缓。目前，我国经济的发展正在趋于平稳，就业状况也良好，为未来的经济结构转变奠定了坚实基础。

3. 经济结构不断优化升级

在进入调节阶段之后，我国经济发展就不再仅仅依赖出口和投资，而是要靠第三产业的比例提高。自2011年以来，我国第三产业所占的比重远远超过了第二产业，俨然成为国民经济的龙头老大。经过几年的变迁，国内消费市场进行了粗具规模的调整，运用消费引领经济平稳可持续增长的趋势也正在逐步形成。与此同时，在现代信息科技进步与全球化的大背景下，高新技术装备制造业也发展迅速，逐渐替换了以前的密集型制造业。

4. 宏观调控方式创新

在当前的经济发展新常态下，市场的活力已经得到很大限度上的释放，随着政府对宏观调控走向微观化，对于中小型企业给予了相应的政策支持。

但是，凡事必须要保持一定的度，只有适当的扶持政策才能够促使市场向良好方向发展，不然就可能会造成市场失灵。在未来，政府重点要做到的是引导和服务，完善社会主义市场机制，构建一个高效、有序的经济结构。

二、经济新常态下中国经济发展新趋势

进入21世纪，中国总体物质水平提高，但由于以往把精力放在了追求发展的速度上，留下了很多的环境之忧，资源被浪费的现象非常严重，我们应该对此进行深刻的自我反思，应该怎样才能避免各类情况的再次发生，

然后想方设法地去解决当前的问题。可持续发展战略首先强调，在推动我国社会主义经济健康发展的历史进程中，我们也一定要充分地关注到人与自然之间的和谐发展，在充分满足我们自身发展需要的同时，我们还一定要充分顾及子孙后代，节约资源，注重保护良好的生态环境。在保障国民经济稳定健康发展的前提下，追求经济质量和效益，形成一个可持续的经济发展。

1. 随着产业结构的调整，能源结构实现了绿色发展

能源可以划分为可再生能源和不可再生能源，而可再生能源又极其稀少，新一代能源技术领域具有巨大的市场发展潜力。自从2014年，在第22次APEC会议后，我们就致力于新能源的发展，努力减少对不可再生能源的使用，降低对生态环境的污染。因此，在经济新常态下，实现产业结构调整和绿色化发展已经逐渐成为我国社会和经济发展的一个重要趋势。

2. 随着科技的进步，网络购物大势成为趋势

由于现代信息技术的快速发展，网络日益发达。中国的互联网和零售市场也是空前发展，在网络上进行购物，不仅交易成本低廉，而且方便快速，居民不必出门逛街，就能够直接得到自己所需的东西和物品，极大地方便了当代居民的日常生活。网上购物已成为一种流行的时尚，不管是普通的平民百姓，抑或是富贵之家，都在享受网上购物所带来的方便。

3. 经济走向信息化发展，国民经济更加倾向于服务业

伴随着互联网和计算机的普及，21世纪已经到了一个移动信息时代，据统计，中国内地名列富豪排行榜上的前几位，都出自互联网络信息服务行业。互联网能够使企业资源配置的效率得到极大的提高，尤其是在资源分享的程度和整合资源路径等方面都起到了非常重要的作用，既能够有效节约费用，又能

够提高质量。

因此，在未来的产业发展中，尤其要注意便利化的服务业发展，信息化建设是它高效发展的基础和前提，也是实现这个历史性发展的一个必然过程，只有全面的信息化建设发展，才能够真正挖掘和开发潜在的客户，创造广阔的市场前景。所以当今我国必须要加大服务业在整个国民经济中的比重，不断地出台促进服务业健康发展的优惠政策，同时再通过结合现代信息化等先进科学技术，确保我国的服务业能够真正实现更快，更高效的生存和发展，进而为促使推动我国社会经济事业实现可持续化发展打下良好基础。

在我国经济新常态下国民经济的总体规模比重中，服务业所占的比重越来越高，服务业的地位也在逐年得到提高，不管是服务业在 GDP 所占的比例，还是增长速度，服务业均已成为经济中最具增长和发展潜力的龙头。

4. 新常态下贫富差距减小，人们的生活得到改善

无论站在什么样的角度上分析，改善民生、减小贫富差距都应该是实现可持续发展的重要手段。可持续发展的经济思想和发展理念，既能够让人们今后的经济生活、工作方式变得更加健康、便捷，同时又能够为人们创造更加公平、和谐的经济社会生活环境、经济环境和良好的社会风气。

因此，在当前我国经济的新常态下，一个重要发展趋势便是不断缩小贫富差距，进而不断改善和持续提高当前城镇化地区居民的基本物质生活条件和教育水平，这也恰恰正是当下我国加快构建中国特色社会主义经济的迫切要求。

综上所述，坚持社会主义可持续发展战略，实现产业结构进一步调整和优化转型升级，保障社会主义经济快速稳定健康发展，统筹城镇建设，缩小农村与城乡之间的差距，既是实现伟大中国梦的一条有效路径，又是推动我国社会主义经济发展的方向和战略目标，我们还需要继续努力追求社会主义可持续发展，握好机遇，规避风险，为中国的明天艰苦奋斗。

四 新经济：新业态、新技术、新产业、新模式

第二节 四新经济成为我国经济持续发展的新动能

自2012年以来，我国一直在加快贯彻落实创新发展驱动的国家战略，深化产业政策和社会机制性制度改革，四新经济正在取得蓬勃发展，经济社会持续发展的新动能不断得到提高。其快速增长已经远远超出了人们预期，互联网移动支付、大数据、云计算、"互联网+"等新兴技术将直接带动新的全球产业革命与新一轮技术创新，对全球经济的增长贡献也日益明显。

首先，作为新经济时代国民经济拉动增长点和国家核心技术驱动力的科技创新，正在持续不断地取得巨大的突破。例如，自主研制开发的核心信息安全芯片，已经实现了技术上的突破，TD-LTE-Advanced被国际电信联盟认定为第四代中国移动通信国际标准，基因检测能力已经达到世界先进水平，大批具有优势的新技术已经培育成功，轨道交通装备国产化率已经超过80%。

其次，新的科学技术已经广泛地运用到各行业和国民经济的方方面面，衍生了许多新的商业模式与新的业态。例如，移动互联网、物联网、云计算、大数据等一些新一代移动信息基础技术，正在强力推动着我国网络经济社会各个领域的创新，并获得可持续、广泛的综合应用和有效渗透，催生出了网上电子商务、网上银行、网上打车、"慕课"、移动智能办公、互联网电子金融、智慧智能家居、远程健康在线医疗、网上休闲旅游等一批重大创新服务业态。传统"一手交钱一手交货"的赢利商业模式正在逐步被"免费服务+客户+增值服务+赚利润"这样的新一代赢利经营方式所逐渐替换。

在上述前提下，我国四新经济的发展具体表现在以下几个主要方面。

一是推动了战略新兴产业迅猛成长。工业中涉及包括清洁节能环保技术产业、新一代信息科学技术、生物制品产业、高端设备和制造业、新能源产业、新型原材料制造业、新能源汽车等重大战略性新兴产业的形成和发展，已经成为资本和市场普遍关注的焦点。

二是新型产品市场份额远远超过了传统制造。例如，近5年来，中国的机器人行业规模保持了平均20%以上的高速增长率。目前中国的工业机器人生产规模大概为全世界的三分之一。而且新能源汽车生产率、太阳能动力电池生产率增速亦很可观。

三是新兴的电子服务业正在迅猛快速成长，网上购物零售率屡屡再创新高。在支撑我国经济的传统领域，比如城市基建、房地产等产业上已经出现了一定的回落。

但目前值得注意的最大问题仍然是四新经济，还没有形成像20世纪90年代信息技术广泛应用所带来的颠覆性变化。如果把目光放在全球范围来看，我国还没有处于绝对主导地位。还有一个非常担心的问题是，我们的产品在技术、商务模式等方面存在着原创性的不足，很多也是复制国外，再基于国内市场的情况进行一些改变。因此，四新经济目前还处于培育期。

因此，我国四新经济的发展环境还有待进一步完善。一方面对于"新经济"的重视程度开始提升；但另一方面也表明了当前发展的制度环境的不完善。即这些政策的具体制定往往滞后于四新经济的发展。如云计算、干细胞等新型现代信息基础技术，在其发展的历史过程中，面临着专项相关法律政策条规的严重缺失；四新经济企业在发展过程中受到政府部门的严格管制，政策措施越位，如现在比较火的"网约车""互联网医疗"等新型共享经济；一些制度措施落实得不是很到位，还有一些产业政策也未能得到有效落实，例如光伏、风电等部分新兴产业政策正是如此。

当前，在国家政策的大力扶持下，应该进一步加大对相关方面领域的资金投入。这些充满生机的新型技术和企业新型经营管理模式如不把握住，机会有可能稍纵即逝，要想四新经济能够从"星星之火"迅速地发展到"燎原之势"，取决于如何能够及时地建立起与之完全相匹配的体制。只有先进的劳动力和生产能力与新型的生产关系相互呼应，才能够汇集成为支持我国经济社会向新一波高速增长的强大推动力。

第三节　智能经济引领下四新经济呈现新特点

近年来，以推动"互联网+"智能化经济发展为思路和引领，加快培育以智能制造为主要重点的新型装备制造企业，正在成为具有较强国际竞争力的世界级制造企业。实施智能化制造战略是构成智慧经济发展的核心内容。

2019年7月1日出版的《崛起的超级智能》一书中提出，在刚刚起步的50年里，互联网正在从只是一条蜘蛛网状的超级信息高速公路，逐渐演变到成为一个超级人工智能信息系统。在经过1969年移动互联网的逐步兴起和快速诞生、1974年Tcp/Ip协议、1989年万维网等技术基础的逐步确立和快速发展之后，互联网已经转而加速向与当今人类大脑高度相似的方向快速发展。

经过50年的演变和发展，科技和信息产业正在从传统的人工智能时代逐步迈向超级智能的时代，"互联网+"大脑模式的形成与发展，对于人类经济社会、产业、科技、文化等领域都将具有重大的影响。

在传统机械行业和其他新兴产业中，互联网行业大脑的功能架构与传统机械工业、农业、航空、运输、建筑、冶金、电力等各个传统行业相互融合，形成了一系列的大脑，诸如中国传统机械工业、农业、飞机驾驶大脑、航空、汽车、建筑、冶金、电力、汽车行业大脑等。

"互联网+"人类大脑的迅速发展和超级人工智能的迅速兴起，对21世纪以来整个人类的经济社会、政治组织结构、经济组织形式、科技革命创新方式、哲学思维等各个方面都产生了重大而深远的推动。人类即将迎来一个新的超级智能时代，而我们每一个人的意志与行为都是由这个新的超级智能所驱动和决定的。

所谓的超级智能主要有两个基本核心，第一个就是机器人的智能，它相当于整个人类的头部，第二个就是iot(internet of things，物联网)，它相当于整个人类的身体和五官。所以当这种机器人智能的数字化和计算技术水平足够高，当iot的移动触角已经涉及城市的各处，就会逐渐形成超级智能。未来我们的城市，将会是一个巨大的超级机器人。

举个最典型的代表便是亚马逊Echo。它看起来既是一种音响，也可以放音乐，你甚至可以和它说话。但Echo真正有用的，是它的连接着全球3000多家厂商。

你可以这样使用它(*Alexa是Echo内置的语音助手)：

主人：Alexa，我的高尔夫球不见了。

Alexa：你要不要买新的？

主人：要。

Alexa：是不是要购买上次的那个品牌？

主人：是的。

过了一两天，一只高尔夫球就可能被运送到你的房间里。在整个产品运营管理过程中，做到了语音人脸识别和移动对话框的导航，搜索引擎的主要运营者依然是亚马逊，然而真正完成线上购物和商品配送的却是后端3000家被移动互联网技术连接的实体店铺。

超级智能时代大背景下的新兴实体经济，它们应该具备这样四个基本特点。

1. 共享经济

未来的共享经济必然会成为一种趋势，美国曾经有一个成功案例，共享新的名牌袋。某公司选择并采购了各种不同大牌的优质皮革和小型的袋子，然后以十分之一的优惠价格将其用来租赁或卖给其他用户，使用它的时间为一周。"互联网＋共享"一定能够成为中国经济社会发展的一种重要特征。

2. 跟踪经济

跟踪发展能给我们带来哪些好处呢？我们可以将许多的制造业转换为服务业。也就是说，跟踪经济是从卖产品转化为卖服务。

举个例子，金风科技有限公司是一家风力发电厂制造商。以前把自己的风车出售给谁都不知道，如果风车损耗，还需要再次更新风叶。后来公司在风叶上添加了传感器，把每日的数据都收集起来，现在整个世界的风力分布在哪里，这些风力发电机什么时候应该得到维护，哪里的损耗比较大，是否还有必要进行更新，全都知道。

现在金风科技把生产线外包，自己专注做服务，盈利反而比以前更好。

3. 众筹经济

我们对于众筹有一种错误的认识，就是以为在所有东西都能够生产以前，对顾客进行预售，获得资金。其实更加正确的认识应该是，让供应商充分地参与到整个企业的生产和销售流程中，用新的技术和基础建设体系，让企业的生产变得更有效。

就像特斯拉，它首向顾客征集1000~5000美元的产品预付款，用户自己直接参与产品设计和机器人的自主研发制造，绕过了产品代理商直接在移动互联网上进行产品直销，最后可以获得货款，这其实就是把每一个运营环节都做到最大化的优化，提高效率，减少了管理费用和运营成本。由此来看，它并不是简单地提前获取资金的过程。

4. 合作经济

将来的市场经济模式会出现一些巨头公司,成为核心技术服务提供商,例如谷歌、苹果,谷歌和苹果实力再强,如果开发自己的汽车,也得交给福特来生产。合作共赢才是四新经济的常态。

第四节　制约四新经济发展的关键因素和解决方法

加快四新经济建设，是实现我国经济平稳健康发展的一条重要途径，有利于新经济更好地发展。如何促进四新经济的健康发展？应该立足于市场，有针对性地加以改革完善与创新，制定一套科学的发展战略，加快建立健全体制，加大对高端专业技术人才的培养，为四新经济健康发展的实现提供支持和基础性的保障，进而促使我国的经济向着更好的方向前行。

一、制约我国四新经济发展的关键因素

1. 高端人才不足

人才培养是我国经济社会发展的基础和核心能力，特别是在四新经济的发展中，专门的技术人才具有决定性的地位。然而，我国的高端、创新型人才非常稀缺，人才结构也很不合理，以创新驱动人才培养为核心的企业管理团队的引入能力严重不足。因为缺少高端人才，一定程度上限制了四新经济的增长。

2. 监督管理相对落后

四新经济进步的过程中，管理工作是不可或缺的一个组成部分。虽然近年来我国各地区已经更加注重四新经济的发展，但是却未能充分结合四新经济的实际特点，构建起与之完全相匹配的管理机制和模式，在我国经济的发展中，仍然采取了传统的管理手段，以批代管、偏重项目标准等方式进行管理的

模式非常普遍，在这样的管理下，使得越来越多的跨领域、跨产业发展的"四新"企业受到了产品市场准入规范条件的限制，无法推动四新经济的进步。

部分跨领域、跨产品或行业开拓发展的"四新"企业在国际市场上遭遇到了行业性准入所需要的"玻璃门""弹簧门""旋转门"。大数据、汽车联网、互联网金融、智慧医疗等"四新"技术应用领域的公众信息共享途径不畅，造成"数据割据""数据孤岛"。税收优惠、资金支持、政府购置等扶持措施仅限于对现有产品行业的目录及其他传统领域，"四新"产品的企业往往由于对行业归属不明确而导致无法获得相关的优惠。

3. 创新机制不完善

首先，在加快推进四新经济的发展中，创新仍然是动能，也是重要的手段。然而就目前情况来看，创新的机制还是比较落后，不够灵活，使得我国的科技信息化无法顺利地转化，在促进我国新技术和新产业快速发展的过程中，往往会遇到地方政府为此所催生的各类新产业计划。在这样的情况下，一定程度上减少了其他市场主体的创新积极性，使得自身的竞争能力变得越来越差。

其次，科研还需要花费大量资金，由于我国缺乏对科研人员的科学管理和对创新的激励机制，使得我国的科研工作没能有效的开展，科研成果也无法得到转化。

创新机制的不健全，使得科技转换成为现实生产力的制度机制不通、途径不畅，其竞争能力低下。而一些科研机构花费了大量的财政资金来开发的科学技术研究成果，却因为没有正确创新的激励机制，没有真正地打通科学技术创新和经济增长之间的渠道，得不到研究开发向产业化发展。另外，创新型企业的形式也在不断地改变，这就要求我们创造性地探索，以及建立一种新的制度机制。

二、改进方向

1. 加大高端人才的培养

在我们推进四新经济的发展中,人才的影响力是巨大的,特别是一批具有较强高端、创新型和专业技能的人才。为了促进新时代的经济增长,相关行政主管部门要着重强化对人才的培训。首先,要合理地设置相关专业院校,开设相关专业课程,并且要有针对性地培养四新经济发展必须要求的高端人才;其次,健全人才创新结构体系,加快建设以科技创新带动发展的人才示范基地;再次,要适当地安排一批优秀的管理、技能人才到国外去深造,学习国外先进的技术、管理实践经验;最后,要尽量打破体制机制的障碍,建立完善的体制机制和保障,最大限度地释放出人才的创造能力和工作积极性。

2. 要创建一套与四新经济进程相适应的管理体制和方法模式

在四新经济的发展中,制度建设是根本,也就是新经济健康稳定地发展的基础性保障。所以,加快健全新的经济治理体制尤为重要。首先,要进一步深化改革,破除一切制约四新经济健康发展的老规则和制度,尤其是限制四新经济健康发展的准入壁垒,建立一个以事中、事后控制为主要工作重点的新型监督和追责体系;其次,要在继续落实现有体系的基础上,查漏补缺,以新的扶持手段和体系,为新时期经济增长保驾护航。针对我国新经济不同产业发展的特点及实际工作需要,制定了既符合我国国情,又能够与国际接轨的专门优惠政策及专项管理措施。同时,要更加注重对知识产权的维护。

3. 构筑创新平台

在四新经济的发展过程中,创新是其核心,也是关键,加大创新力度有利于新经济更好地发展。因此,政府部门应积极地推进核能与综合计数、网络安全和信息化等国家实验室的创建工作，争取国家批复一批国家企业技术中心和国家工程实验室，以有利于新型市场经济的发展。同时，国家还需要深化对外开放，积极与发达国家交流和合作，构建国际交流与合作的平台，学习国外先进技术，引进国外先进的科技成果，打通了科技和经济相互融合的通道，进而有效地促进新经济的稳步发展。另外，政府部门还要积极地推行"互联网+"的业态和发展，促进移动互联网和传统产业的有效融合，加快建设在农业、林业、畜牧业等方面的科技和创新平台，加快对科技成果的研究和转化，以先进的科技手段来指导我国传统产业的发展，提升我国传统产业的科技含量。

4. 营造良好的经济发展环境

四新经济的发展历史变迁中，由于受到多种影响因素的多重制约，致使四新经济未能真正达到产能转化。而产生该问题的一个重要方面便是由于环境条件的缺乏。首先，为了有效促进新型经济的发展，政府部门应该取消不必要的产品和行业门槛性限制，实施公平、开放的市场准入。其次，国家及地方政府也要大力倡导并鼓励自主创新，尊重各行各业的自主探索和实践，对于已经取得好的探索和实践成果的优秀企业都要给予肯定和资金扶持。例如，给予相应的财政扶持，从而激励其能够继续进行深度的创新。最后，政府还需要积极地推进信息数据的共享，推进公众数字信息资源的应用市场化和开发，进而能够加快高新技术成果的研究和转化，更好地适应和服务于经济的发展。

第五节　四新经济的发展离不开资本助力

一、投资四新，选好赛道很重要

伴随"四新企业"的上市融资，资本市场与四新经济之间的协作关系正在进一步提升。而随着四新经济的有效推进，资本股权市场的各个领域参与者都将在这里共同迎来一个新的发展契机和重大挑战。四新经济必然有机会变成资本市场的"发动机"。

四新经济的正式到来，意味着未来我国在进入宏观经济新常态下，将以坚持新的高科技产业创新模式为主要驱动，聚焦先进高新技术，以推进新兴产业融合发展模式为基础和技术支撑，推动及发展一批现代化的高新技术服务产业；另外，也将以新的服务业态模式为市场导向和发展引擎，建立和加快发展精准医疗、IP经济等新的服务业态，加速探索平台服务新模式。

在这种背景下，我国资本市场的制度建设也进入一个崭新时期，从新股发行常态化的延续，再融资、并购重组的从严监管，到退市新规、重组新规以及资管新规的逐步出台，依赖资产价格剧烈波动的资本套利游戏正在逐渐退场，真正关注创新的成长投资和价值投资正在成为主流。

以深圳为例，资本创新正在加速形成。深交所充分发挥了金融资本交易市场的技术核心功能和平台支撑功能，全力打造一个国际领先的新型金融资本服务中心，并在此基础上设计构建了一套行之有效的创新型投融资信息服务管理制度。2017年以来，深圳市新区累计共有217家大型高新技术公司成功IPO，融资金额规模高达1008亿元，这一潮流使得更多社会资金向优质企业聚集。

除了政府充分发挥并购融资的监管职能，支持一些高科技企业上市之外，运用并购或者资产重组的金融工具，促进国内产业结构转型升级也显得尤为必要。2017年以来，深圳市多家上市公司共累计完成并购重组290单。与此同时，还先后推出了多种创新式的中小创业融资负债、供应链融资金融等新型金融产品，为新一轮经济发展中的中小企业提供了更多样、便捷和高效的企业融资服务途径。

既然资本市场对四新经济的主体企业如此重要，对投资者而言，选好"赛道"非常重要，当然，还要看企业是不是一辆好的赛车。

对于投资人来说，在新形势下，这个"新"是根本，追新最重要的就是挑选好路线。"赛道"从某种程度上可以理解为一个行业。在新的经济形势之下，"赛道"的设计和选型需要综合考量涉及的多个经纬度。首先，这个"赛道"究竟有没有足够的市场发展空间；其次，"赛道"的运营周期怎样，目前它们正处于运营周期里的哪个阶段；最后，还要考虑它的产业链，有哪些细分产品和服务支撑。

"超级赛道"对于投资者的选择，是其最终发展和成长的一个关键，但是寻找到优秀的"赛车"也同样重要。"赛车"其实就是一家企业，其内部产品、盈利模式、渠道、内部运营环境和企业组织内部结构都非常重要。所以，在最终选好"赛道"并把"赛车"全部打磨好的关键前提下，最后一个筛选环节便是选出"赛手"，即那些企业的高层经营管理者、创新型管理人才。

二、国际资本吸引四新企业的经验

从目前国际上的各种资本市场政策分析来看，对四新经济的政策扶持由来已久，如现在美国的纳斯达克和纽交所等。香港资本市场的新一次改革亦正由此拉开序幕。这些资本市场凭借其具有创新型的市场制度化管理设计，吸引了许多优质的四新投资公司。

包括美国市场在内的成熟资本市场在支持四新经济方面有哪些具体经验？以纳斯达克市场为例，之所以成功，主要是从市场导向出发，保持了充分的灵活性。

成熟的资本交易市场也应具有一些比较优秀的管理做法，例如，确保股票发行代理人的资格合规性和市场信息公开披露的真实性。一般来说，没有硬性的盈利要求，也不排斥低盈利甚至不盈利的企业申请进入资本交易市场，但前提必须是合规，而且信息披露充分。成熟的资本交易市场对于新兴产业各种类型的企业包容程度相对较大，认可产业创新，激励企业自主创新，发行方式市场化程度较高，创新型企业认可度较高。如信息技术、生物医疗、现代化消费品等先进的新兴行业往往能够取得较高的估值。

成熟的资本市场通常更多地倾向于包容"同股不同权"等特殊公司治理结构的类型，给中国企业的生存与发展提供了空间；机构性投资者占比相对较高，行业的分析、风险辨认和承担能力也相对良好；市场监督制度严格，对于违法、舞弊行为的依法查处与惩戒工作力度大，违规费用高，有利于保障较好的社会市场秩序。

资本市场对新经济企业的支持，也可以参考中国台湾兴柜市场的经验。在中国台湾企业IPO之前，需要先到兴柜市场上挂牌半年至一年，挂牌后必须符合一定的要求，才能在主板挂牌交易。

　　从当前我国多层次的资本市场体系建设的角度来看，尚未取得盈利的新型经济公司可以首先在中国新三板上市挂牌，作为其过渡时间。目前，由于我国的新三板公司已经在创新层的一些部分完全实现了集合竞价，所以可在此基础上择机引入转板。例如，可以择优地选取符合上市条件的公司转板到创业板；转板后一旦发生企业重大的违规或事后被证明有重大错误而发生转板，即将该公司重新转至新三板挂牌并对其进行集合竞价交易，做到公司能上能下。

　　此外，支持四新经济企业在健康快速发展的过程中，还要始终保证自身的信息披露和真实、准确、完整的基本原则，坚决防范和杜绝财务造假、内幕交易等各种违法或者不正当的行为，维护资本市场的良好生态。

第七章

四新经济的监督与政策扶持

第一节　四新经济对传统监管方式的挑战

四新经济的快速发展给我国传统的监管手段带来了新的挑战，比如，"互联网+"的新兴产业将有望打破传统的垄断，但也有可能形成新的垄断。网络上的侵权和其他不正当竞争行为严重。互联网这个新兴的业态挑战我们的隐私保护等。

四新经济的新型产业具有与传统经济不一样的特点。对四新经济若按照传统的监管方式，纳入我国现有的法律框架内，往往就会扼杀新兴产业于萌芽之中。地方政府的监管也在实践中面临着两难的困境：过早或者太重地出手，都不利于新兴产业的发展。如果不加强监管，就很有可能需要自己承担起监管不力的责任。目前，四新经济面临着以下五个方面的挑战。

一、在互联网新兴业态下，我们的人身财产安全更需要加强保护

"互联网+"或者人工智能的迅速发展，有可能会引发新型危害人身和财产安全的违法诈骗犯罪。比如，共享单车虽然解决了普通城市人们通往日常生活的"最后一公里"，但由于无序的车辆停放而导致很多公共场所的交通拥堵。这些问题，按照我们企业传统的管理方式如何来管理，难免会出现一些监督资源配置能力不足或是一些监督机制功能失灵等情况。

二、互联网企业容易形成新的垄断

"互联网+"新兴产业会打破传统垄断行业，但也会创造新的垄断。互联网行业极易形成一些占据市场支配地位的龙头企业，尤其是一些网络平台企业。世界银行报告《2016年世界发展报告——数字红利》称：互联网经济的发展可能导致过度集中，滋生垄断。反垄断应该是互联网经济规制的一项重要内容。互联网领域具有跨界竞争等特点，产生的垄断大多是暂时性的，目前的反垄断法，在互联网领域中不一定适用，这就需要根据网络产业发展规律和特点，完善相关法律法规。

三、侵权和不正当行为，在互联网更加严重

互联网是一把"双刃剑"，在给我们的日常生活工作带来便捷的同时，也为一些大型社会团体中的不法分子提供了可乘之机。一些大型集团甚至是个人因为非法使用互联网侵害他人的合法利益，或是非法分子利用互联网对其他人采取不正当竞争，扰乱了整个社会的商业市场秩序。

比如，利用移动互联网进行的知识产权侵害具有成本低、获利迅速的特点。还有就是互联网给各种不正当竞争提供了一个新的竞争类型，这些新的不同类型的不正当竞争行为都游离于《反不正当竞争法》明确规定的六类行为之外。例如，利用网络传播平台手段进行虚假的网络宣传，雇用"网络水军"，假冒某种网络形式的相关产品或网络服务向广大网络消费者，大肆地对该网络公司的相关产品或网络服务品牌进行虚假宣传或者恶意诋毁，误导广大网络消费者。如何对这些不正当竞争行为进行严格的法律规制，还缺乏有效的行业政策和相关的法律法规基础。

四、移动互联网新兴的业态中已经涉及大量的个人数据，对于隐私保护提出了巨大挑战

随着移动通信互联网技术的普及，用户在线使用和分享数据的同时，也对隐私保护提出了巨大挑战，个人隐私的泄露频频发生，严重威胁到了人们的生命健康和财产安全。网络平台已经掌握了大量的涉及用户个人隐私的相关数据，比如现在网约车服务平台已经有很多关于用户的真实住址、银行账号、工作地、上下班休息时间行车路径、作息时间等相关信息，网络银行支付则已经拥有很多用户银行账号、交易地和风险使用习惯等相关信息。

通过网络平台大数据的电子商务应用研究，已经涵盖了用户数据的知识产权信息所有者利益归属、用户个人隐私信息所有者的隐私保护、数据所有资产的公开交易等一系列法律规定。对此问题，存在较大的用户个人隐私安全保护和个人信息公开披露的安全隐患。如何合理均衡兼顾个人隐私安全保护和其他公共利益之间的平衡关系，实现个人隐私安全保护和网络大数据服务产业快速健康发展的相互均衡兼顾，这是目前亟待解决的一个问题。

五、传统行业中存在的风险，在互联网可能会被放大

网络传播覆盖面很广，具有迅速传播的特点，并且网络能够经由交互式的融合作用而迅速产生流量。当前金融互联网和其他新兴传统产业进行深度交互融合后，一些新兴产业在快速发展中已经出现了各种可能存在的金融风险，在网络的迅速传播和交互作用下，风险被网络迅速放大，给社会经济带来了巨大伤害，严重影响了当前互联网新兴业态的健康发展，比如2015年年底查处的"e租宝"网贷事件，就是通过用网络直接进行非法集资。涉案的网贷公司

就是利用网络进行虚假的广告宣传，一年半内非法吸收资金 500 多亿元，涉及 90 余万名受害者和投资人，涉案的集资金额和应用范围远远超过传统的非法集资经济犯罪案件。

当前互联网金融已远远超过了我们当前传统商业金融的各种法律监管和应用范围，按照金融传统观念角度来看，经营风险管理模式目前针对我国互联网金融服务的全行业发展实施了严格规制，风险较大，成本相当高，但收效不明显。

第二节 发展四新经济重在落实市场和监管主体责任

过去,各级政府透过使用土地指标、专项资金、税收优惠等来扶持传统行业的手段,这些手段显然难以满足四新经济的新要求。必须敢于打破自己的思维定式和已有的模式,政府不能再大包大揽,要主动简政放权,探索将"负面清单"和"正面引导"有机结合起来。建立健全服务企业、服务人才的体系机制,替代传统招商引资、审批等管理制度机制,彻底突破四新经济发展中的制度桎梏。

在加快推进四新经济的过程中,我们要不断地作出顶层规划,不分传统与现代,不锁定区域范围和开发的内容,不固定推进的模式和手段,坚持由政府导向逐渐转到市场导向,从单纯的科学技术性导向逐渐转到企业创新性导向。坚持大力推进新产业、新行为、新技术、新模式的发展,为国家的创新型驱动发展战略作出更多有益的贡献。

为此,在推进四新经济的过程中,要在市场和监管方面做好以下几点。

一、在目前的情况下,政府主导依然是必需的

首先是打造一支专业的执法队伍。四新经济下的市场监管工作,需要监管者不断地更新自己的知识、提升自己的技能,定期邀请国内外权威的理论和实务学者及相关专家,针对性地进行培训,加深监管者对四新经济各个领域的

了解和认识，例如网络电商、跨境电子商务、网络团购、平台经济等各种商业模式、新型产品和业态的演进与变化，提高监管工作队伍的专业素质及其业务操作能力。

其次是要运用"互联网+"大数据，加快构筑"互联网+市场监管"的商业模式。搭建一个信息资源共享，监管互帮的跨部门、多地区的市场监管大数据系统。高效利用大数据，精准管理四新经济。依靠四新经济市场监管大数据系统，综合其他监管机构和部门以及四新经济企业的数据，利用大数据企业自身专业技术的优势，构建了科学、精准的风险识别模型，综合地分析四新经济在市场监管领域工作中的热点、"痛点"和突出问题，加大特定行业的监管工作力度，严打虚假或者伪造以四新经济的名义而非正规从事的网络宣传销售等违法犯罪活动。

二、展开活动，监督经营者自觉自愿落实四新经济的主体责任

重点就是邀请各类大型企业工会代表共同参与学习理论研究、制定四新经济经营者主体责任清单，通过举办新闻发布会、政务部门会议、举行企业培训等多种形式，宣传和学习企业经营者承担主体社会责任的重要知识内容和基本含义，形成积极的社会舆论倡导引领。还要充分运用各种智能化的管理手段方式来对实体企业经营进行反向的管理倒逼，以此也便于更好地落实实体企业的经营主体经济责任。另外，要从法律角度逐步明确第三方交易平台的法律责任，并探索建立"商户违法、平台连带"的法律惩罚管理机制，督促执法公平。

在新技术、新行业、新产品、新服务模式的不断发展演进中，市场和监管领域的治理工作将面临精准化、多样性、高效化等多重挑战。树立商家创造

性思维和新理念，调动资源整合各地区商户的有利平台，加强商家与消费者之间的沟通、交流与相互信任。从单一的地方政府性监管逐渐走向多元主体参与的社会性治理，通过协同合作推动共治资源的共享，是四新经济监管的主要方向。

三、从产业的角度出发，加强产业协会对行业的监督作用

一是要加快建立健全四新经济产品和相关行业服务协会，邀请地方政府、企业界、学术界、传播媒介以及社区、法律界等各种不同社会群体及其中的权威代表，担任产品和相关行业服务协会的高级专家学术委员，增强产品和服务行业的社会公信力、影响力和其在社会上的话语权。

二是积极组织引导相关行业协会及其负责部门承担相关行业标准的组织制定、市场主体的企业信用等级认定考核资格评定、从业者信用培训、企业信用标准的组织实施，以及信用监督制度考核专项检查、行业数据统计的跟踪调查，接受社会公众的意见咨询、投诉、举报等行业评审机构组建工作模式，联合四新经济的行业重点区和企业评审事项，鼓励相关行业协会积极组织参加四新经济的行业示范区和企业资格认定评审工作。

四、要发挥媒体的舆论力量，营造良好的舆论氛围，对不良行为进行举报

一方面是借鉴交通、治安、城管媒体作为外部监督主体，市场监管部门也应加强政媒协作，开展对四新经济市场风险事前预警、事后曝光的作用。举办四新经济市场监管领域的检查活动，协助公众进行投诉，将媒体作为市场监管问题曝光的重要平台，打造一支高素质线下协管员队伍。

另一方面是提高曝光平台对企业起到的监督作用，且由于这种曝光机制对企业形成了制约，加强群众的维权常识，严惩"恶意打假"行为。加强12315平台的"惩罚预期"，对未违规的企业也有可能产生警示效果，普及市场监管的参与方式。地方政府部门应积极鼓励、配合、运用各类媒体进行舆论监督，对市场中监管的事件做出及时、准确和全面的评估，主动挖掘平台经济领域网络购物、网络借贷等在市场监管层面存在的问题，充分发挥舆论监督的作用。

五、让公众成为市场监管的积极参与者

充实市场的监管权力在完成了机构体制改革和行政职能的划转之后，亟待进一步拓展和加强监督力度。一是要建设线上、线下的市场监督和协管人才队伍。二是提供更多的渠道和资源，让公众积极参与到市场监管中来，形成对不良行为的集体社会性监管氛围，让那些有心做假的企业，感受到舆论的力量，不敢肆意妄为。

第三节　四新经济监管的基本原则

对四新经济的鼓励创新是其根本前提，政府部门要在技术上的创新和监管之间始终保持均衡，既要鼓励创新，避免监管过度，又要有效地防范新一代技术发展中出现的重大风险。要坚决杜绝"非黑即白"的观点。对四新经济，需要遵循以下几项基本原则。

一、谦抑原则

四新经济作为一种新生事物，并不一定需要政府的干预，实际上可通过技术的进一步发展或者市场充分竞争来解决。如果政府不合时宜地介入，不仅增加管理成本，造成的结果往往适得其反，问题不但无法得到解决，还阻碍了四新经济的发展。四新经济的市场机制正在形成之中，目前对于四新经济的认识未知大于已知。对此，我们应该对市场保持足够的敬畏，正确处理创新与监管的关系，让市场在资源配置中发挥重要的作用。

四新经济目前普遍存在的一些缺陷和突出问题，有些被人们认为可能是因为企业市场机制的快速发育而造成的，政府监管的最终目标是在新经济的快速发展之初，主动积极地探索培育健全的市场，让自由放任的市场机制不断完善，通过优胜劣汰的市场机制来充分发挥其自愈的主体作用。

所以，我国政府监管需要做的就是保持对市场的尊重，是我国政府在未来进行市场监管时所需要始终遵循的一个基本管理原则。所以政府在进行市场监管时，也需要始终保持谦抑的基本原则，承担一些辅助性监管作用。

二、包容审慎原则

在四新经济发展之初，政府必须保持这一原则。在四新经济发展初期，会出现一些我们暂时还搞不清楚的现象，有些可能违反现有的法律法规。在没有完全搞清之前，可采用宽容的态度，不要轻易下结论，也不要提前监管，先给新生事物一定的观察期，这样才能给创新留下发挥的余地。当然，前提是不影响公共安全，不影响别人的基本利益。既不要一巴掌拍死，也不要野蛮生长。

由于市场创新的速度总是领先于监管政策的制定，在四新经济发展初期，很多事情尚未定型或难以看清楚，政府与产业边界在不断变动，监管部门要给创新留出市场发展空间和试错容错期。比如，互联网经济的快速迭代性和创新效应，决定了互联网企业的市场垄断只是暂时性垄断。较高的市场份额和垄断性市场结构是互联网经济的内在特征。如果过早过快、不加区别地对互联网企业进行反垄断规制，可能对企业的成长壮大形成较大限制，对处于成长期的互联网经济造成不必要的压制。只要垄断没有以垄断性定价或其他行为侵害消费者的利益，也没有遏制市场竞争，市场集中度和市场份额就不应是衡量企业违法与否的决定性因素。

三、底线监管原则

有一句话叫"安全有底线，创新无上限"。首先要做到用底线思维防范重大风险。对潜在风险很大，特别是涉及安全和有可能造成严重不良社会后果的，要及早发现问题、果断采取措施。对于那些打着创新的幌子，却在进行侵权欺诈的行为，要予以严厉的惩罚。对那些谋财害命、坑蒙拐骗、假冒伪劣、侵犯知识产权等行为，当然要做到依法打击。

四、社会公共利益最大化原则

"互联网+"新业态、新模式层出不穷，对线下传统业态形成巨大压力，这些旧的业态模式大多是需审批进入的传统行业，新业态的进入冲击了相对固化的利益格局，打破了传统行业的垄断利益。这些新兴业态的发展，很有可能会动了一些传统行业的"奶酪"，可能会受到排挤，必然引发新的冲突。如果过度保护传统行业的利益，就会阻碍新兴产业和行业的发展。

在这种情况下，最好的方式是让市场说话。让市场机制充分发挥作用，促进线上、线下一体化发展和公平竞争。这就要求政府站在公平的立场上，以市场为视角，以实现社会公共利益最大化为目标，进行适度平衡，而不是卷入其中。把握好服务质量、网络安全两个底线，主动打破传统行业垄断，鼓励市场创新，同时防范旧的垄断打破后又形成新的市场垄断。

五、监管创新原则

四新经济还处于创新阶段，可能会出现违反现有法律范围的情况，但是，在四新经济面前，不能不分青红皂白就贴上合法或者非法的标签。要以创新理念、创新的思维和方法对待新事物，不拿旧瓶装新酒。对于新事物，既要尊重原有的制度，也要鼓励创新，这就要求政府的监管手段需要多元化发展。传统规制重事前监管轻事中、事后的监管，主要以命令控制型与事先审批等传统的规制手段为主，对于信息披露、激励性规制等新型、柔性的规制工具运用较少。四新经济应该多运用信用监管、信息监管等弱权力手段进行规制。在产业发展之初，政府还要对四新经济采取适度扶持的激励政策。

第七章 四新经济的监督与政策扶持

第四节　四新经济的政策扶持

政府是"生态环境"的建设者与构造者。"新经济"对于政府所提出的挑战主要包括体系缺位、体制越位以及体系建设工作落实不到位。

制度的政策缺位主要是因为这些政策措施出台速度滞后于"新经济"蓬勃发展的实际需求，例如云计算、干细胞等新型信息基础技术，在其蓬勃发展的过程中，面临着相关法律政策条规的严重缺失。制度的政策越位主要是因为"新经济"在其发展的过程中还受到了政策管制，现在比较热门的"网约车""互联网医疗"等分享经济正是如此。而且这些制度政策落实得不是很到位，主要是一些相关政策措施未能及时得到有效落实，例如光伏、风电等部分新兴产业政策正是如此。

四新经济虽然快速发展，但是还非常稚嫩，如果得不到政策保护，很有可能面临群体性的毁灭命运。这就要求政府在看待四新经济时，不能"非黑即白"，一棍子打死。举个例子，"网约车"在欧盟也很少见，也正是因为面临着与我们同样"触底"的两大问题，即广大汽车消费者的人身财产和生命安全。但他们的最终解决办法不是"一刀切"，而是在明确了这些制度管理框架之前，经过大量的思考和多方面论证，判断它们本身是否真正有利于推动国民经济的健康发展。

需要指出的一点就是，政府也不是市场主体。它的目的就是为"新经济"的发展服务，例如降低制度性的保障，减轻企业的负担，让市场有序运行、公平竞争。至于把市场调到了哪里，那都是市场本身的事，政府也不应该一味地去管太多。

2018年，发改委将进一步加快培养和形成国家经济发展新动能的主体实力，对国家重大战略性新兴产业进行持续发力。为"独角兽"公司和企业自身提供了相应的优惠政策和投融资支持（其中包括融资、科技），并以这些政策作为基础和支点，推动了战略性重大新兴产业的发展。未来不排除会给"独角兽"公司专项优惠政策的扶持。

2018年2月26日，国家发改委发布了《关于2017年战略性新兴产业区域集聚试点建设工作真抓实干成效明显拟建议表扬激励名单的公示》，初步确定了合肥市、石家庄市、长沙市、深圳市龙岗区、杭州市滨江区、武汉市东湖新技术开发区、上海市浦东新区、厦门市海沧区等14个战略性新兴产业区域集聚试点所在市（区），作为拟激励名单。此举旨在充分调动试点所在市（区）在本区域集聚战略性新兴产业的积极性、主动性和创造性，以便形成"头雁效应"和集聚效应，促进战略性新兴产业区域集聚发展。

2018年3月1日，全国政协十届常务理事、全国证监会公司名誉常务董事、副主席姜洋指出，针对未来的金融资本和证券市场，将如何进一步增强加大"四新"中小微实体企业的金融服务创新能力和市场推动性的重大问题，证监会将按照党的十九大精神，支持"新实体经济"的健康发展。

2018年的《政府工作报告》中，更是明确提出"支持优质创新型企业上市融资"。同年3月20日，李克强总理在十三届二次全国人大一次全体会议上明确表示，吸引海外企业上市的"互联网+"将使中国大型企业，再次主动回归中国A股资本市场，为境内更多创新型中国企业的上市及其发展创造更加有利的发展空间和市场条件。这些都为加快促进和支持优质创新型科技企业的成功上市、大力推动四新经济的健康发展，打下了坚固的政策基础，营造了有益的实施环境。

2018年年初，证监会在中关村调研互联网、人工智能、生物医药等行业的十多家企业，透露出监管层支持服务创新创业的意图。此后，证监会金融体制2018年度改革工作小组会议上，明确要求"加大对新技术、新产业、新业态、新模式（'三旧四新'企业）的支撑力度"。2018年3月5日，政府工作报告中明确提出"将设立国家融资担保基金，支持优质创新型企业上市融资"，对新兴国家经济发展领域和新兴产业的金融政策投资支持，被进一步提高到了国家经济发展战略层面。

证监会还提到，"已专门成立关于四新类企业创新型经济业态的专家委员会，现在已经着手研究，进行把关"。

可以看出，从国家政策方针到监管层具体落实推进，对四新经济的支持信号已越发明显。

第五节 四新经济与战略性新兴产业的区别

一、四新经济及其战略性新兴产业的发展势头迅猛

这几年来，四新经济及其战略性新兴产业迎来快速发展，我国国民经济实现了长期高质量的稳增长。新一代技术、新一代产业、新一代服务等新经济模式和一批高新技术新兴产业，及其他一批战略性国家重点技术新兴产业正在成为新增长动能，形成一股不断加速的力量。

作为推动全球经济稳中求进的重要主导力量，四新经济的快速增长远远超出了市场预期，移动互联支付、大数据、云计算、"互联网+"等将直接带动未来全球产业革命与新一代技术新兴产品的不断创新，对全球经济的贡献也将日益明显，其中一个重要特征就是推动了战略新兴产业的迅猛成长。包括清洁节能环保技术产业、新一代信息科学技术、生物制造产业、高端设备和制造业、新能源产业、新型原材料制造业、新能源汽车等重大战略性新兴产业的形成和发展，已经成为资本和市场普遍关注的焦点。

二、加法与减法、新与旧的问题

四新经济和战略性新兴产业二者相互融合推动，四新经济远远超越了战略性新兴产业的覆盖面，但并不是替代战略性新兴产业的升级版。战略性新兴产业正在充分利用四新经济理念和现代信息化技术手段来开发、调节和升级四

新经济。

战略性新兴产业是国家提出的总体发展战略方向，带有来自各级政府的意志，宜多采用"加法"；四新经济则重点体现市场需求和草根经济，宜多采用"减法"，营造一个开放宽容的产业发展环境。

推进四新经济建设，限制越少越好，流动性越强越好，创新活力越充满激情越好，产学研用结合得更加紧密就更好。要从一个习惯狠抓大型企业、大项目的方向转而更加注重扶持中小微、草根型企业；从过分地强调对有形资产的投融资转变为更加关心研发、人力资本等其他无形资产的投融资；从地方政府对农村地区给予的优惠政策逐渐转向为农村营造可持续发展的环境；由简单地依赖产业政策转变为主动地顺应"四新"的特点而创新政府治理和服务方式。

此外，还应该进一步改善营商环境与服务气氛。以前是更加注重公司的产值、规模、历史，现在是更加注重公司的团队，更加注重科技、注重商业模式。从单纯由外国引进型企业，转而依靠产业链、价值链及市场发展的需求，开展特色招商、代理性招商、市场化招商、中介性招商、服务性招商。从拼政策、拼资源、拼成本、努力定位价格，到拼服务、努力创造氛围、拼运营商环境，把传统的优惠政策改革转换为服务职能，推动四新经济发展。

在讲"新经济"时，不能简单地将其划分成"新"经济和"旧"经济。任何一个具备可持续发展，并且拥有自主创新能力的经济形式，都值得我们重视。哪怕是农业这一传统产业，只要有了创新，能够支撑产业的转型升级，就应该把它纳入"新经济"的范畴。

经济的发展既要有"新经济"，也必然需要"传统经济"。尽管我国目前一些传统行业的产能已经严重过剩，但却无法说它们已经没有了市场需求。而且，一些产业中的产能严重过剩主要是由于它们无法满足人类对于消费和转型的需求，如果我们能够从技术、模式上进行一定的革命性创新，就会焕发出崭新的活力。

所以，任何产业都存在创新的可能，新旧之间不能简单地割裂开来。

三、从国家政策看四新经济如何发挥新动能作用

国家发展改革委、科技部、工业和信息化部、财政部等四部委联合印发的《关于扩大战略性新兴产业投资 培育壮大新增长点增长极的指导意见》，我国将围绕重点产业链、龙头企业、重大投资项目，加强要素保障，促进上下游、产供销、大中小企业协同，加快推动战略性新兴产业高质量发展，培育壮大经济发展新动能。

战略性新兴产业是引领国家未来发展的重要决定性力量，对我国形成新的竞争优势和实现跨越发展至关重要。《中华人民共和国国民经济和社会发展第十四个五年规划和二〇三五年远景目标纲要》（以下简称"十四五"规划）提出，"发展战略性新兴产业"。这是在新的历史起点上，加快建设现代产业体系，推动经济高质量发展，开启全面建设社会主义现代化国家新征程的重大战略部署。

在这个战略部署中，四新经济的发展，成为引领我国经济社会持续健康发展的重要战略驱动力。首先，"十四五"规划提出要着力发展和壮大新一代信息技术、生物技术、新能源、新材料、高端装备、新能源汽车、绿色环保以及航空航天、海洋装备等产业。既要优化发展已有一定基础的产业，也要前瞻性谋划布局一批新产业。

我国将继续加快推动工业互联网、大数据、人工智能、先进通信、集成

电路、超高清显示等领域的技术创新与应用,全面增强信息科技产业的核心竞争力。加快推动生物医药、生物农业、生物制造、基因科学技术、应用服务等领域的产业化进程,壮大现代生物行业。加大对核能、太阳能、风能、氢能、生物质能等新一代能源技术的研发与应用。发展先进无机非金属材料、高性能复合材料、新型功能稀土材料、信息功能材料、纳米材料等新一代材料,构建大型船舶和海洋工程装备的先进制造业集群,进一步培育和发展虚拟现实/增强现实(VR/AR)、数字文化的内容创造等新兴创意领域。

其次是推进移动互联网、大数据、人工智能技术等同各大新兴产业深度交叉融合,推动先进制造业和一批高端信息产业集群的融合发展,构建一批优势互补、结构合理的国家重点战略型新兴产业,作为推动经济社会增长的新引擎,培育新技术、新产品、新行业、新模式。这些都为形成和发展壮大战略性新兴产业提供了重要的基础条件和支撑。

再次是推动平台经济、共享经济的健康发展。平台经济、共享经济是一种充分运用移动互联网等现代信息技术,促进资源的高效整合和配置的新型经济形式,将给社会治理、公共服务、行业发展、创新驱动等诸多领域带来革命性的变化。

平台型企业是发展平台经济、共享经济的载体和主动力。发展平台经济、共享经济需要一个宽松、有利于金融服务的监管环境。因此需要政府改革与之相适应的制度和机构,适当放宽并完善市场准入条件,及时研究制定和出台相关的产品和服务标准,形成一套可适应性监管体系。维护公平竞争的市场秩序,制定并出台对网络贸易进行安全监管的政策法规,依法严厉查处非正当竞争等违法行为,维护消费者的安全和合法权益。

最后是政府要鼓励企业合资并购,避免无序竞争重复建设。强化统筹规划，突出区域的潜在优势，进行错位式发展，优化产业结构与布局，构建完整的产业链条，实现各个环节均衡发展。深化财税制度改革，完善绩效考核机制，健全投资风险控制约束机制及责任追究机制，发挥监察部门的监督职能，纠正一些地方政府对微观经济活动的不当干涉，推动战略性创新型产业的健康发展。

第八章

中国是世界四新经济成长的最佳沃土

第一节　中国正奔跑在科技创新大国的路上

当今世界，中国是最需要四新经济也最有能力建设好四新经济的国家。无论从我们已经取得的科研成果看，还是从储备的科技人才看，中国的力量都是惊人的，中国四新经济的发展，未来可期。

首先来看看中国的高科技力量。

2021年3月，德国《经济周刊》在报道中指出"中国的高科技力量"，认为"中国应该很快成为世界第一大创新大国"。在世界十个最重要的技术领域中，中国有四项领先，仅次于美国的五项，显现出雄心勃勃和实力。至于模仿，那是很久以前的事了。

一是人工智能的实际应用，中国已是世界领先者。在大数据收集和使用方面，中国也超过了世界其他地区。中国现在拥有的超级计算机几乎是美国的两倍。到2030年，中国应成为人工智能领域的世界领导者。但美国仍旧是人工智能的技术领先者，拥有大型高科技公司、最好的研究人员，以及大多数机器学习领域的专利持有者。华盛顿智囊团信息技术和创新基金会的积分系统显示，美国（44.6分）领先于中国（32.3分）和欧洲（23.3分）。相信有一天，中国的人工智能技术，也能够超越美国。

二是量子研究。在量子通信领域，中国已多年来排名第一。这也对国际安全体系结构产生了影响，这得益于其量子卫星，中国可以创建防窃听网络。中国领先的量子计算机，也可以将人工智能提升到一个新的水平。

三是网络技术与5G。大约十年前,朗讯、阿尔卡特、西门子、诺基亚和爱立信等欧美公司仍主导着该行业。今天,中兴通讯,尤其是华为这样的公司早就赶超了前市场领导者。各个技术领域,如5G蜂窝基础设施的建设和运营的硬件和软件等,都处于国际领先地位。美国对中兴和华为的制裁目的是放慢这两家公司的国际化步伐。

四是支付系统。中国的数字支付,比欧洲国家领先了很多。在发展节奏方面,中国跳过了信用卡和借记卡付款的时代。而且,中国已经在准备下一步,致力于数字人民币的建设。

根据国际清算银行的一项研究,电子人民币比任何其他数字货币都先进。在这方面,欧洲已经晚了一步!

五是在航空和军用飞机上面,中国的大飞机C919,以及已运营的ARJ21在可靠性和运营成本方面落后于欧洲和美国的飞机10~20年,而且发动机及底盘等技术仍依赖欧美。但是,中国在军用飞机上追赶速度是惊人的。无人机领域中国更是处于领先行业,也是最大出口国之一。

六是高铁。十年前,中国铁路技术还依赖西门子等公司。但现在,借助信贷和基础设施项目,中国中车总公司在新兴市场中已远远将西门子和阿尔斯通等欧洲竞争对手甩在身后,且技术前卫。磁悬浮商业项目也正变成现实。

但是中国还有很多领域需要向欧美国家学习和赶超。比如,在氢能源应用方面,欧洲始终处于领先地位。十年后,中国预计将拥有超过100万辆氢动力汽车和1000多个加油站。但是在PEM电解槽(一种较新的技术)方面,中国仍处于落后状态。

计算机芯片也是中国较弱的一点。而且,芯片又是技术中的重中之重。

芯片制造商中芯国际也只能制造结构宽度最大为 14 纳米的芯片。主要芯片技术基本都掌握在美国人手中。中国半导体制造商要赶上西方制造商仍需要很长时间。

在电池领域的研究，中国还没有彻底重视起来。中国现在不再在常规电池化学领域（锂—镍—锰—钴混合物）上与美国和日本较量，而是专注于基于磷—酸—锂—铁等技术。

在太空旅行方面，中国是航天领域的后起之秀，但是已经迎头赶上，已经有登月计划、卫星导航系统等，中国的第一个空间站将于 2021 年开始建设，卫星等领域也正走向工业化。

其次再来看看中国的科技创新人才队伍，非常庞大。

一是从数量上来讲，我国早已储备了一大批拥有科技创新能力的人才。从《中国科技人才发展报告 (2018)》可以看出，经过 70 年的发展，我国科技人力资源、全社会研究与试验发展 (R&D) 人员全时当量，均居世界首位。创新能力和国际影响力逐步扩大，对人才吸引力逐渐加强，形成新中国成立以来最大规模留学人才"归国潮"，在中国境内工作的外国人已达数十万。科技人才引领创新发展的作用显著增强，有力推动了我国创新驱动发展和创新型国家建设。

我国科技人力资源总量持续增长，2017 年达到 8705 万人。2017 年，我国 R&D 人员总量达到 621.4 万人，折合全时工作量人员为 403.4 万人年，这也是我国 R&D 人员总量 (全时当量) 在 2013 年超过美国之后，连续 5 年一直居世界第 1 位。R&D 研究人员总量持续增长，2017 年达到 174.0 万人年，其中近三分之二都具备本科以上学历。这些人才主要集中在计算机、通信和其他电子设备制造业、电气机械和器材制造业等高新技术行业。

另外，女性科技人员的比例也在逐年增高。2017年，我国R&D人员数量达到621.4万人，其中女性R&D人员为166.0万人，占比26.7%，比2010年提高了1.5个百分点。

二是从质量上来讲，我国的科技人才队伍正在趋于年轻化。2017年中国科学院增选61位院士，平均年龄54岁，60岁（含）以下的院士占91.8%；中国工程院增选67位院士，平均年龄56岁，60岁（含）以下的院士占85.1%。2016年国家科技"三大奖"最年轻第一完成人年龄均已降至39岁以下，越来越多的青年人才在科技创新的第一线冒尖。2013—2017年，国家自然科学基金项目累计资助青年科学基金项目、优秀青年科学基金项目和国家杰出青年科学基金项目分别为81578项、1998项和990项，从各层次、各阶段支持青年科技人才发展。

而这些科技人才中，研究类型的人员数量正在进一步增加。以2017年数据为例，当时全部R&D人员为403.4万人年，其中从事试验发展的人员有325.4万人年，占80.7%；从事应用研究的人员为49.0万人年，占12.1%；从事基础研究的人员为29.0万人年，占7.2%。2010—2017年，三类研究类型的R&D人员数量均有不同程度的增长，其中从事基础研究的R&D人员增速最快。足见我国今后的科技发展应该是非常有后劲的。

三是科技创新人才确实在我们国家的经济建设中发挥了重要作用。在基础研究领域，量子调控、铁基超导、合成生物学领域步入世界领先行列，深地探测、干细胞、基因编辑领域取得重要原创性突破，还将在脑科学、再生医学等领域加速突破；在战略高技术领域，历练了一批突破"卡脖子"技术的战略科学家和创新团队，天宫、神舟、天舟、嫦娥、长征系列成果举世瞩目，深海装备形成功能化、谱系化布局；在重大工程领域，造就了一批既懂得科学技术原理，又敢于创新实践运用，解决重大工程技术难题的高层次专家。

在科技创新人才的努力下，我国涌现出一批重大创新成果，培育出一些引领世界潮流的新技术、新产业、新业态、新模式，促进了四新经济的发展。经济结构出现的重大变化，意味着产业结构转型升级取得阶段性成果，推动经济发展迈上新台阶，形成传统产业生机焕发、新兴产业茁壮成长的良好发展态势。而一些主要创新指标也进入世界前列，2017 年，我国发明专利申请量已连续 7 年居世界第 1 位，有效发明专利保有量居世界第 3 位。

第二节　全球最具潜力的市场在中国

不可否认的是，中国本身是一个非常巨大的经济体，不仅拥有世界上最多的人口，而且拥有巨大的消费潜力，世界上任何一个国家都不可能忽视中国的消费潜力。伴随着产业结构的调整和升级，以及中国消费者的观念和水平升级，中国市场将呈现出不可遏止的巨大爆发力。特别是在全球新冠肺炎疫情仍然十分严峻的环境下，中国市场的环境不仅对本国企业，而且对外国企业也具有强大的吸引力。

首先，我国本土的市场规模和消费潜力都大得惊人。

我国是世界上人口最多的国家。14亿人口规模和超4亿中等收入群体，对应着全球最庞大的市场规模和消费潜力，这是世界上任何经济体都无可比拟的优势，也是中国经济的韧性和潜力所在。在坚定实施扩大内需战略中，如何充分释放这一巨大的市场优势，促进消费提质扩容，引领商品和服务供给质量和水平稳步提升，把巨量的消费潜力释放出来，是未来几十年我们需要考虑的问题。而发展四新经济，无疑是优先选择。

2019年我国GDP总量逼近100万亿美元，人均GDP突破1万美元，经济运行总体平稳，主要预期目标较好实现，经济发展既有量的合理增长，更有质的稳步提升。与经济发展联系起来看，14亿人口这个数字不仅仅是人口规模的庞大，更是一种力量，充分表明我国具有超大规模市场优势，消费对经济发展的基础性作用持续增强。

2019年，我国人均GDP迈上1万美元新台阶，稳居上中等收入国家行列，与高收入国家差距进一步缩小。人民群众的钱包又鼓了一圈，对美好生活的向往不断实现。不再满足"柴米油盐酱醋茶"等基本消费，模仿型、排浪式消费阶段基本结束，个性化、品质化、智能化消费渐成主流。新产品、新业态、新模式应运而生，不断激活消费市场、激发消费潜力，推动消费升级。

值得一提的是，在这14亿人口中，已经孕育出世界上最大规模的中等收入群体，他们的消费能力是不可想象的，这也是为什么中国的经济发展如此有韧性。中等收入家庭的服务消费支出占比明显提高，未来提高生活服务品质和优化服务市场环境是重中之重。而且，这些中等收入的群体，也是5G、人工智能、物联网市场的主要消费人群。这都为我国掀起新一轮高速智能化消费变革打好了基础。

因此，我国要加强培育本土高端消费品牌，以创新引领和高品质服务打出国际知名度。打造高端化、品牌化、国际化的专业性服务机构，推动服务经济向价值链高端延伸。引导市场主体由销售产品、售后维修等低附加值服务向个性化定制、综合解决方案提供、智能信息服务等高附加值服务转型。

2019年，全年全国网上零售额106324亿元，比上年增长16.5%；其中，实物商品网上零售额85239亿元，增长19.5%，占社会消费品零售总额的比重为20.7%，比上年提高2.3个百分点。在这当中，年轻人的"大手笔"有目共睹，他们已成为我国消费规模不断扩大、消费不断升级的生力军。

14亿人口红利，标志着我国超大规模市场优势进一步显现，为我国经济持续稳定发展注入源源不断的动力。尽管当前新冠肺炎疫情对经济造成影响，社会总需求受到抑制，面向消费者的企业受疫情影响最大最直接，但这都是暂时的，不会改变我国经济长期向好的基本面，14亿人口红利所彰显的超大规模市场优势依然在那里，而且会不断壮大。

其次，为了增强国内经济的活力，中国政府在供给侧和需求侧都给出了相当有力的政策支持。

要扩大消费，就必须聚焦人民群众没有被满足的基本需求和尚待激发的潜在需求，从供、需两端发力，满足既有需求，拓展新需求，稳定消费预期，提升消费能力，把内需潜力变成实际需求。

从供给侧来看，要加快促进消费品质和消费结构升级。一方面，要推动传统消费朝着高端化、智能化、网联化、共享化升级，倡导以租代购、绿色安全共享的消费理念，完善市场竞争环境，加速吸引高端消费回流，促进三线、四线、五线和农村家庭的消费扩容提质；另一方面，要顺应服务消费占比扩大的趋势，大力繁荣服务市场和服务经济，培育消费新热点。

从需求侧来看，加快推动城乡居民家庭从生存型消费全面转向发展型消费，推动城乡公共服务均等化，消除居民家庭消费升级的后顾之忧，稳步提高低收入群体最低工资标准，多渠道确保农民增收，保障农民工及其家属享受市民消费待遇。发展更好保障消费者权益的新型消保组织和维权机制，融通各类消费与信用大数据平台，治理售后服务市场秩序与乱收费问题。

最后，中国还是全球都羡慕和关注的市场。

中国将坚定不移全面扩大开放，让中国市场成为世界的市场、共享的市场、大家的市场，为国际社会注入更多正能量。

从全球贸易来看，中国是全球第二大经济体，也是世界第二大进口国。

关键是未来的市场空间还非常大，之所以具有这个增长的潜力，是因为我国既能持续保持经济的增长，又能持续扩大市场开放。

比如，中国已经召开了三届进博会，主要就是中国扩大开放的一种方式。除此之外，商签多双边的协议，建立自贸试验区等开放新高地等，都包含在内。这样一来，外国的商品、企业就能够更好地进入中国市场，实现共同增长。

根据世贸组织（WTO）数据，2020年上半年，中国出口增速高于全球平均水平7.8个百分点，国际市场份额较去年同期提高1个百分点以上，创历史同期新高。

在全球疫情仍然十分严重的情况下，全球经济都受到了巨大冲击，但是却没有阻挡外资进入我国市场的势头。根据商务部的数据，2020年1月至9月，全国实际使用外资7188.1亿元人民币，同比增长5.2%（折合1032.6亿美元，同比增长2.5%，不含银行、证券、保险领域），今年以来吸收外资首次实现美元、人民币两项累计指标"双转正"。

可以说，对于外商来说，中国的超大规模市场是有目共睹的，中国在产业配套、人力资源、基础设施方面的综合竞争优势始终没有变，外商对中国市场的预期和信心也没有变。

不少外资企业将中国作为跨国投资的"避风港"，纷纷加码投资。外商投资企业由疫情初期的等待观望变成目前的增资、扩资，宝马、戴姆勒、西门子、丰田、LG、埃克森美孚、巴斯夫等一大批大项目在华增资扩产。1月至9月外商投资企业利润再投资以美元计同比增长25.5%。

第三节　中国四新经济发展势不可当

首先，是中国创造了良好的四新经济投资环境。

2020年，面对新冠肺炎疫情突发和错综复杂的国际、国内形势，四新经济成为经济逆风前行中的一抹亮色。以数字经济、信息经济为特点的新技术、新产业、新业态、新模式加速涌现成长，成为对冲疫情、推动经济复苏、引领转型发展的积极力量。

中国巨大的潜在市场，以及正在发生的消费升级和结构改革，都使我国成为全球炙手可热的投资中心，无论是我们国家，还是企业和个人，都应该抓住这难得的历史机遇，创造出新的奇迹。

随着中国逐渐向发达经济体转型，服务业产业占比越来越大，服务业领域的需求催生很多投资机会，围绕基础教育、基础研究、科技研发投入等领域的投资不断扩大。14亿人的超大规模消费市场，将创造结构性的投资机遇。一是大众消费崛起，高性价比的中档品牌尤其是实现进口替代的国产品牌有望迎来较快增长。二是低线城市和农村消费提速，深耕相应区域的零售企业有望获得更充裕的发展空间。三是服务消费持续发力，文体娱乐、旅游、教育、餐饮、家政服务、医疗美容等消费大类将保持增长动能。这些领域以及由此而衍生出的机遇，都将成为社会资本的投资热土。

当我国的消费提质扩容，在一些发展基础较好的城市，正在加快与智能网联车、智能驾驶等新技术商用匹配的交通与市政设施智能化改造进度，强化高速智能化科技与市场新业态的深度融合。同时，强化中西部尤其是城乡接合部和农村商贸基础设施建设，打通区域、城乡间流通网络，加快集中式功能型市场平台建设。从产业发展形态看，未来产业领域的投资机会同样巨大。

目前，中国逐步建立和不断完善社会主义市场经济体制，市场体系不断发展，各类市场主体蓬勃发展。中国是全球最有潜力的大市场，具有最完备的产业配套条件，中国利用国际、国内两个市场、两种资源的能力不断提升，跨国企业对中国市场更加充满信心。

数据显示，刚刚过去的 2020 年受疫情影响，虽然各行各业都遭遇到前所未有的挑战，但仍有不少基于新消费场景的新经济模式，如外卖、直播、在线教育、宠物经济等行业蓬勃发展，加速新旧动能转换，助力我国经济实现了逆生长的壮举。放眼当下，四新经济市场繁荣可谓有目共睹，即便遭遇了经济下行、行业变革和疫情冲击，四新经济依然成为拉动我国经济增长的重要力量。

其次，中国在数字经济、5G 通信、互联网和人工智能等领域，已经取得了令世人瞩目的成绩。

数字经济不仅成为中国经济增长的重要动力，也在全球数字经济发展中占据重要的位置。从规模看，中国在全球位居第二，美国排名第一；从竞争力看，上海社会科学院信息研究所发布的《全球数字经济竞争力发展报告（2020）》显示，中国数字产业的竞争力已经连续四年位居全球首位；从增速看，中国数字经济增速领跑全球，以 2019 年的数据为例，中国增长 15.6%，远超发达国家 4.5% 的增速和发展中国家 7.9% 的增速。

正是因为数字经济的发展，才带动了新技术、新产业、新业态、新模式的四新经济的发展。从新技术看，与数字经济紧密相连的大数据、云计算、区块链、人工智能、物联网、5G 等新一代信息技术发展迅猛。从新产业看，电信业、软件产业、电子信息制造业等领域创新迅猛，不断迸发新的活力。特别是软件产业在数字产业化中的比重持续提升。从新业态看，移动电商、云服务等模式广受市场主体欢迎，在提升效益、降低成本等方面收效明显。从新模式看，2020年新冠肺炎疫情期间，网络直播、移动办公等模式兴起，为促就业、保民生提供了新的抓手。

目前我国四新经济的发展重点区域是长三角、粤港澳大湾区和京津冀，这三个区域的数字经济和四新经济发展较快。

在5G通信互联网领域，我国也已经远走在前面，GSA发布的通信网络数据显示，截至2020年12月，全球59个国家和地区的140个运营商已开通基于3GPP标准的5G基站，预计2021年年底全球5G商用网络将超过200张。截至2020年12月，全球5G基站部署总量已超过102万，其中：中国5G基站总量达到71.8万。预计2021年年底，全球5G基站总量将超过210万，中国5G基站部署量将达150万，占据绝对优势。

在人工智能领域，我国这几年更是做出了令人惊喜的成绩。虽然人工智能在我国发展较晚，但是这些年发展势头很猛，智能芯片技术也实现了突破。据统计，2007—2016年，全球人工智能领域论文中，我国占近20%，仅次于美国；深度学习领域的论文总量和引用量均居世界第一。此外，人工智能相关发明专利授权量已居世界第二。

更为可喜的是，我国的人工智能产业化创新创业已经成为一股势不可当的潮流，一批先锋企业正在奋起直追。据统计，当前中国的人工智能企业数量、专利申请数量以及融资规模均仅次于美国，位列全球第二。全球最值得关注的100家人工智能企业中我国有27家，其中，腾讯、阿里云、百度、科大讯飞等成为全球人工智能领域的佼佼者，也成为建设国家新一代人工智能开放创新平台的"领头羊"。

比如，百度的自动驾驶技术平台，腾讯的人工智能医学影像联合实验室，阿里巴巴的达摩院，等等，都是人工智能领域的领先应用，可以和世界上其他国家相互竞争，甚至超越其他国家。

未来十几年，是四新经济重塑政策监管、创新商业模式和完善服务体系的重要阶段，也是新经济快速融入传统产业碰撞出新变革的关键时期，更是推动四新经济在更高起点上开启极致探索的新征途。中国市场经济体制正在经历一场结构性的转变，也给四新经济的发展带来了新的机遇和挑战，看谁才是那个勇立潮头、乘风破浪的幸运儿，我们拭目以待。

第九章

我们应该如何行动——城市案例

第一节　全球新产业革命带给我们的启示

一、全球产业链向区域化、本土化、数字化、网络化、智能化发展

全球产业链向区域化、本土化、数字化、网络化和智能化发展是未来的长期态势，对于中国来说，未来需要做的是稳定全球产业链，确保产业链的安全与畅通。

我国的全球性产业链历经近30年的演变后，在中美两国之间的经济贸易摩擦层面再叠加上新冠肺炎疫情让我国产业链安全面临多重挑战。疫情给我国乃至世界整个产业链、供应链中的一些产业都带来了"断链"的冲击，动摇了单纯从成本角度考虑构建一个全球化的供应链系统的根基，各国、各地区企业也开始从安全、平稳、多元化等多个维度重新审视自己的供应链。动摇了单纯从成本角度考虑构建全球化供应链体系的根基，各国、各企业开始从安全、平稳、多元化等多个维度重新审视其供应链。

此外，地缘政治紧张局势、贸易限制和民粹主义政策以及数字经济的发展，都在一定程度上重塑着全球供应链格局，进一步加剧了全球产业链的重构和调整。

首先，产业链区域化、本土化。基于安全的考量，产业链向区域化和本土化方向发展。短期内，全球产业链和供应链体系难以发生逆转性的变化，但

随着国际贸易中的摩擦、疫情等风险因素的不断催化，会进一步加剧各个国家之间的经济结构性矛盾变动，各个国家已经逐渐开始努力强调其市场自主和成本可控，选择了"内循环经济模式"，涉及社会民生以及整个国家经济命脉的一些战略性新兴产业的重要性已经得到了极大提升，以便于减少对其他国家的直接投资和出口依赖，加快其新兴制造业向本土大国的资源回流。

从中长期角度来看，产业链的转移和重建或将进一步提速，全球新兴产业链的总体布局和逻辑将随之发生变革。未来一些产业将考虑到横向的整合，以及缩短供应链条，本土化和区域性价值链正在加速。

然而，将产业链完全迁回一国本土几乎不可行。未来的发展趋势将是，对于关键产业链（如医疗行业），部分大国或将在周边建立比较完善的产业链条，使供应商多元化，同样的零部件在多国生产，小国继续参与大国主导的区域产业链，谋求产业升级和经济发展。

中国超大规模的市场和工业门类齐全的比较优势，将使东亚产业链更为紧密，而疫情更使全球产业链加速向东亚转移。

疫情期间，东亚整体防控效果良好，在世界三大生产网络中率先复苏，结合中国庞大的市场规模和制造能力，东亚区域价值链的联系将会进一步加强。区域产业链、供应链的良好运转也将吸引区域外的投资，从而壮大东亚区域价值链。

其次，数字化、网络化、智能化成为产业分工格局的"博弈改变者"。当前随着全球制造业迈向数字化和智能化的新时代，各个国家纷纷围绕全球制造业的关键核心技术、顶尖专业人才、标准和质量规范体系进行了着力强化和周密部署，力求在新的一轮业内国际关键技术和核心产业之间的激烈博弈中牢牢抓住市场主动权。

制造业的智能化主要体现在制造业经营的数字化、自动化、网络化、集成式信息化四个阶段，其中数字化和信息技术是关注的重点。制造业在设计、生产、管理、服务等全部产业链各个环节均已趋向数字化、网络化、智能化，这也使得智能制造作为新一轮工业革命发展的领导者和主攻战略。

麦肯锡全球研究所曾经准确预测未来可能出现的12个最具颠覆性的能源技术发展趋势，分别为移动互联网、知识型工作的自动化、物联网、云计算、高级机器人、全自动和几乎全自动的车辆、下一代基因组学、能源储存、3D打印、高级材料、高级油气勘探和采集技术、可再生能源。这些创新领域的技术发展正在改变着我们整个人类的日常生活和生产，同时这些领域具有突破性的创新技术将为企业继续不断开发和创造新技术、新产品、新的服务业态与各种新模式，为经济的持续发展应用带来更大空间与不断前进。

数字化、网络化、智能化等技术的应用必将是全球产业分工新格局的"博弈改变者"。就像在世界历史上，人们经历的工业革命必须是以工业技术革命作为其关键的先导驱动力一样，以现代数字化、网络化、智能化等信息技术作为主要代表的一系列新兴科学技术的开发与扩散应用，预计将把整个人类社会进一步带入新的工业革命时代。

新一代信息技术的不断变革，使不同生产行业中各个关键生产要素之间的重要性发生变化，进而直接导致各个发达国家之间的企业人力资源优势禀赋和自然地理优势位置资源优势的关系发生重大变革，最终将直接影响到新的行业内部分工管理格局。

产业数字化步伐还会给我国制造业带来更大的思维方式变革。新冠肺炎疫情期间，商场、电影院、餐厅、旅游风景区等热门的消费活动和场所基本被暂时关停，但是得益于互联网的数字经济，网购、直播、手游等各类数字化消费活动在疫情期间都出现了新的成长，新零售业也出现了新的变革。以直播、录播、腾讯会议等形式开展的数字化教育开始蓬勃发展起来。金融服务也开展线上服务，存款、养老金、大病保险、公募基金、理财产品等各种全资管品类在互联网金融公司和各金融机构的 App 上线会议、录播等各种形式开展。

总之，AI、大数据、云计算、物联网等一系列新一代的信息科学技术正有效地支撑起了电子商务，不断推动网上购物、实体门店自助结算、无人超市 24 小时开门服务营业等各种电子商务业态的形成与发展，能够更加地匹配年轻人的各种个性化消费要求。新增需求还将不断地影响到其现有的业态，同时会激发大批创新业态，促进企业的生产和日常生活朝着数字化、智能化的方向前进。

最后，是服务业的重要性凸显。近年来，服务业在我国经济活动中的地位和作用更加突出，成为推动中国经济持续稳定增长的压舱石和促进就业的主渠道。随着我国乃至世界整个价值链的进一步深入和对于服务行业研究的进一步深入，人们逐渐意识到，服务业的功能不仅仅在中间投资，而且正在逐步地推动我国的价值创造活动中，在协调推动价值链的活动与制造、创造产品价值等方面起着重要的作用，成为经济运转的润滑剂。

在过去 10 年中，中国对外服务的贸易总量同比增加速度远远超过了货物贸易总量的 60% 以上。一些分支行业，其中包括电信及 IT 服务、知识产权收费等，其增长率已经提升了两三倍。服务行业为我们创造了约三分之一的贸易制成品的价值。研发、项目、营销、财政及人力资源等各种业态均能够让货物投放到市场上。

跨国企业或者公司向其所在地的全球性或者附属企业投入的各种无形资产，包括软件、品牌、设计、经营流程以及由总部自行开发的其他知识产权，都可能代表了巨大的价值，但是除非它们作为一种知识产权被直接计入，否则这些知识产权往往不能进行定价，也就无法追踪。因此，设计与品牌的推广促使企业能够给它们的产品支付较高的费用。服务业在未来的几年内，应该怎样参与到全球的价值链及其贸易中会显得越来越重要。

总之，全球产业链向区域化、本土化、数字化、网络化和智能化发展是未来的长期态势，对于中国来说，未来需要做的是稳定全球产业链，确保产业链的安全与畅通。

中国在对疫情的防控及其经济复苏上已经取得较好的成就，充分表现出中国的经济韧性足、活力强、回转空间大、政策手段工具多等优势。这为中国在全球价值链重构中赢得主动权提供了机会窗口期。

二、这一轮产业革命带给我们的改变

近年来全球各类新兴产业的新模式、创新型业态中兴起的典型案例，给我们带来的启示是：真正的变革决策绝不仅仅局限于伟大的科学技术（包括产品）和发明，而是把新技术与恰到好处的商业模式紧密地结合，形成了可持续发展的新模式、新业态。具体来讲有以下三点改变。

1. 在现代企业战略管理学的层面上，"技术领先"一词并非仅仅是商业市场上的技术领先，新模式、新服务业态可以用来协助新的商业技术（其中包括新的产品）领域取得更多商业上的成功

技术（包括产品）的不断创新常常可能会同时伴随着昂贵的技术成本，

稀缺性的配套技术资源及较低的消费市场群体认知接受程度。若是目前没有了这些商业模式的不断创新，那么这些科技上的创新很快就可能以失败告终。

20世纪50年代，静电复印机技术领先但成本却高达2000美元，根本无法与其他复印机300美元的售价竞争。但施乐公司依靠租赁服务这一商业模式创新，打败了其他复印机，年收入从1955年的2100万美元增长到了1972年的25亿美元。

2. 在行业层面，结合了新一代技术的传统产品和行业新模式、产品和创新业态，能够在全世界的很大范围内来促使整个传统产品和业态行业进一步进入洗牌阶段

苹果产品依托"硬件+软件""终端+服务""数据套餐+捆绑销售"的商业模式和技术革命性创新，以iPhone手机打开了智能手机的新时代，在最高点占据了全球移动电话利润的比重可以高达70%以上。除了三星之外，老牌移动手机制造商诺基亚、摩托罗拉都遭遇了较大的冲击。例如原来世界上最大的移动通信厂商诺基亚正在为自己筹集资金，已经把芬兰的公司总部建筑卖掉。摩托罗拉还把手机业务卖掉并交给了联想集团。

3. 在产业链管理层面，新产业技术、新经营理念和新兴业态，它们将可能彻底颠覆整个传统产业链和组织的管理格局与整个传统产业链的基本利益分配结构

还是以当年苹果公司的iPhone智能手机产品作为代表，使电信运营商从通信产业链的核心，落入价值链底层。为争夺iPhone用户，美国三大电信运营商不惜提供巨额购机补贴。从2011年起，都因补贴负担过重由盈转亏。

iPhone给中小型的电子软件产品制造商带来了一个新的发展机遇。比如著

名的移动游戏"愤怒的小鸟"的开发商公司 Rovio,依靠与 Roiphone 配套的移动网上商店 Roapstore,突破了传统营销管理能力的重重制约,摆脱了其公司濒临破产倒闭的尴尬局面。最高时全年营业收入已经接近 2 亿美元,净利润率则高达 7111 万美元。

四 新经济:新技术、新产业新业态、新模式

第二节 发达国家和地区促进"四新"发展的现状和经验

一、发达国家新经济发展现状

如今，全球正在步入一个以互联网、新能源、新材料、生物技术和其他核心产业、绿色、智能、普惠、可持续发展为主体的新一轮科技变革时代。而且数字化、智能化、定制自动化等让科技创新和经济增长之间的关系远远超出了以往的任何一个时刻。

以美欧东盟为代表的发达国家和新兴地区，从"去工业化"一路走向提出"再工业化"，德国则以创新工业4.0版模式推动政府促进新型装备工业化。

美国目前已经是世界上最大的各类高科技产品和电子服务的进出口消费国，在高科技产品行业发展中的全球市场份额最大，半导体、芯片设备制造业和装置电子设备及其他计算机应用软件所能独占的全球市场份额每年均居于整个世界第一。

美国政府大幅度的投资增加了对用于纳米技术、能源和新材料、信息网络、生物学和医疗等诸多基础性科学研究和相关科学创新技术的前瞻性研究，对这些领域加大基金资助力度，大力支持和投资音视频网络传播、云计算、虚拟技术、大数据以及用于构建全球信息系统模型等诸多国际高新技术。

美国传统企业的现代商业模式已由基于创造企业庞大现金流的旧型传统

现代商业模式，逐渐转变为基于实现企业核心价值的新型现代传统商业模式；由单一的现代商业模式发展到基于智能化的现代商业模式；从以前的类似加法型现代商业模式逐渐发展转向了类似乘法型的现代商业模式；另外，还不断出现新媒体、众筹和投融资商业模式以及B2C的电子商务等商业模式。美国和欧盟国家相比，更多地比较注重高新技术的国际基础性应用研究，但是这些新一代技术的产业化应用程度并不高。

再看看欧盟，欧盟的自然科学信息技术重点研究项目预算投入总量仅次于美国，排名位居全球第二。而且现在欧洲发达国家智能制造装备行业尤其是制造飞机、车辆以及工业智能制造装备机械制造业等行业的产品综合国际竞争力依旧是世界最高。德国于2012年年初首次提出了一个工业4.0项目，认为全球经济正逐步处于第四次工业革命的一个关键时期。

欧洲国家在新技术方面重视信息技术与实体世界的渗透融合和深度应用，其主要内容为：数字化制造、智慧城市、智能楼宇、智能电网和电动汽车、3D打印等。新技术对欧盟企业商业模式的影响包括模块化生产模式、大规模定制制造模式等结构扁平化、分散合作式的商业模式。与美国相比，欧盟国家在商业化的R&D投入和高技术专利申请方面是弱项。

日本更加注重新能源科学技术、信息科学技术的研究和开发，促进了企业与新能源汽车、LED菜园子等新模式、新业态的融合与发展，带动了新能源汽车相关行业的快速发展，促进了新能源产业的发展。

二、我们应该吸取的经验

通过上述发达国家的重点布局，我们可以从中吸取一些四新经济的发展经验。

1. 通过科学技术创新，为我国经济带来更大的市场需求空间和发展空间

发达国家正在通过大力从事应用生物科学工程技术、信息电子科学技术、能源环境科学技术等各个方面的技术革命和产业创新，推出一系列的新技术产品，以充分吸引国际市场发展需要，开创一个走向全球化的国际市场竞争空间。

比如来自美国加州东北大学的里维斯教授(lewis)及其他的研究工作人员(2014)和他们的研究小组由于细菌鉴定而找到一种细菌对其他生物原有源的抗生素，如头孢青霉素，一种可能不具有细菌耐药性的细菌抗生素 ateixobactin。此类型的抗生素虽然能够有效杀死各类型的致病有害细菌及其他有害微生物，但是这些各类微生物对于致病细菌几乎无任何耐受性。由此引领抗生素行业开拓了新的市场。

再如，美国天然气和原油产量因为水平井钻井法和水力压裂法为代表的核心技术的突破，产量大幅增加。到 2011 年，使美国自 1949 年以来首次成为精炼石油产品净出口国。国际能源署预计，由于此次技术突破，到 2020 年，美国将成为全球最大的原油生产国。

日本松下公司则主要是在广泛利用经过太阳光、二氧化碳和水合物生成后的甲烷及水和乙醇等能源作为可用燃料的新型第一代"人工光合成"材料技术应用领域，研制并成功推广了一种能够具有目前乃至世界应用范围内最高电子合成材料质量和生产效率的人工电子合成材料，利用这种电子材料就已经可以直接使甲烷等清洁能源每年生产量大幅增加至此前的 5 倍，为该新型人工合成材料赢得了很多的国际市场。

2. 通过创新技术来降低成本、改变生产方式，促进了传统的制造业转型升级

目前，传统的制造方法和模式不断遭遇着对于传统装备制造业"不能做、

很难做、耗时长、成本高"的现实挑战。例如，3D 打印技术，可以用来生产从以智能手机或者电脑等模具为主要代表的重要零部件，到以汽车、轮船等为主要代表的大型机械设备，再到用于耳朵、心脏等其他身体器官，再到最新房屋或者建筑物。并且促使打印技术也由单一的模式逐步发展至多种工艺的结合，打印材料由塑性、树脂拓宽至金属和特定类型。与我国传统生产方法所需的制造周期 90 天时间相比，3D 制造所需的生产时间只需 2 周，生产过程中的时间则大大减少。

3. 将新技术与制度优化有机结合在一起，为新产业、新业态、新模式提供更多发展空间

发达国家将第一代工业装备科学应用技术、科学质量标准、配套基础设施的研究与工业制度结构优化有机地结合在一起，催生了自主创造的工业新模式、新经济业态。

比如，国际碳排放交易机制，催生出 1400 亿欧元的全球性碳排放权交易市场，推动了碳交易、碳金融、碳审计、碳中介等多种新业态、新模式的企业快速发展。德国几个大的协会组织共同组建工业 4.0 的平台，并且制定了工业 4.0 的规范和标准。美国也由五个全球领先的公司创立，组建了工业互联网联盟，其中包括 GE、IBM、Cisco、Intel 和 AT&T，中国的华为公司也加入了这个联盟。法国政府出台了一系列推广发展电动汽车的政策措施。如每购买一辆电动汽车最多可得到 7000 欧元的奖励。巴黎推出电动汽车租赁公共服务项目，倡导市民绿色出行。日本政府鼓励新型清洁节能能源开发，如日本通过利用微藻类生物燃料的研究成果，到 2014 年 7 月，利用微藻类生产的生物燃油已经开始在日本的公交车上试用。

4. 主动向不同产业渗透，发展跨界竞合模式

我们可以看到，很多发达国家的跨国公司，目前都在主动适应新技术革命的发展，开始向不同的产业渗透，想要通过跨界竞合的模式，寻找新的利润增长点。

比如，美国的微软公司，利用大数据平台，和能源公司展开合作，使得自身的电脑软件业务在能源领域的应用成为一大比较优势。再如，在法国，施耐德公司历经多次转型，至今仍保持着对时代潮流的高度敏感性，已由原先的电力电气企业转型为全球能效管理专家。

而在日本，很多电商企业也正在从 B2C 领域逐步扩展和转型至 B2B 领域。例如，松下电气从家电 DNA 扩展至汽车电子、住宅能源、商务方案策划等领域。索尼公司虽然亏损，但参股奥林巴斯后，双方联合研发医疗内窥镜，已在该领域占据全球 80%~90% 的市场份额。日立公司的核电技术则向医疗领域渗透，核电中的阳子技术，可精准地控制距离，精准杀灭人身上的癌细胞，而不会伤害正常细胞。

5. 把新技术和新产品有机结合起来，从而形成新的商业模式和新的业态

我们前面提到的美国 Uber 公司利用互联网技术，提供按需服务的驾驶员和动态的价格，颠覆了传统出租车和交通运输生态系统，成为世界上一些大城市中最受欢迎的打车工具。而 Airbnb 公司建立网络平台，利用空置房屋、公寓，甚至自己的家庭居室，提供房屋租赁服务，开创了租赁业的 P2P 模式，帮助了 400 万旅行者预订到了便宜住所，也帮业主赚到了钱，颠覆了酒店服务行业的模式。而日本推出了"LED 菜园子"，采用 LED 作为光源栽培蔬菜，此业态带动了日本电器行业、房地产和建筑业的发展，为其开辟了新业务领域。

这些都是移动互联网时代，将新的平台、新的技术、新的应用、新的服务和新的内容，相互有机结合在一起，创造出的新模式和新业态的典型代表。在这种创新思路下，企业很快就找到了获得经济利益的途径，也开拓了更加多元化的业务，更加改变了消费者的消费习惯和生活工作方式。

三、中国应该怎么做

1. 必须要集中一批技术含量较高、具有国际影响力的高水平创新型主体

首先要为我国创造良好的自由学习环境，集聚一批具有较高水准，并且在世界范围内具有巨大影响力的自由学习创新主体。因为企业本身就是创新的对象和主体，而企业的创新则主要是依赖于企业的核心技术团队、核心产品和市场、核心业务模型，同时也需要依赖于科技型的中介服务企业、基金、风投以及其他金融等服务业，组合形成产业性的投融资制度。

因为我们需要积极引导国家和企业继续加大对研发的投入力度，支持国家和重点企业建设高水平的研发中心与中试机构，优先鼓励和支持在国内外具备条件的企业内部建设工程技术专门类的研究中心与实验室，鼓励国家和企业开展产品创新、工艺革命性创新、流程革命性创新与生产链条的革命性创新，提高国家和企业对技术创新、承接与应用的科技成果。

2. 我们还需要充分运用新工业技术、新模式优势来积极推动从现代传统工业制造模式到"智能制造"的有效转化

以 3D 打印、新一代机器人、大数据、信息化技术为代表的先进技术的采用，使制造过程通过可编程的微型控制器、台式数控机器和 3D 打印机而得到简化，大大节约了劳动力的使用，新技术的采用使我国传统的劳动力密集型的生产模式的优势丧失。

另外，要积极引导鼓励各地建立装备制造技术企业与装备设计制造公司、信息技术公司和高校加强合作，争取尽快建立先进的装备制造业和高端装备行业技术领域的综合竞争力和优势。要充分运用新产业技术、新模式优势来积极推动对传统产业的技术创新，将技术研究工程设计、加工装备制造、营销信息服务三个重大产业链各个环节都相互整合在一个共同的移动互联网络化产业信息服务平台之中，并努力让这三个产业环节之间相互融合依托着通过移动、互联网和云终端等各种智能制造装备技术，实现了互联一体化的信息整合，促进传统产业从以前传统装备制造向"数字制造""智能制造"发展方式的新演变。

3. 我们要积极主动地参加新一轮工业革命及其相关制度建设，增强在相关方面的话语权

在这样一场新的工业革命中，美国和欧盟等发达国家依照新一代技术的优势和特点，制定了许多有利于本国的工业技术标准，如果未来几年我国的企业已经成为发达国家对于企业的技术和管理规律的接纳者、追捧者，将会使我国经济发展处于十分不利的局面。因此，我国首先应该积极主动地参与投入工业革命及其他国际工业产品标准的建立和制定中，只有主动地积极参与到国际上的相关技术创新及其制度的设计，才能够争取得到本国在世界工业各个领域的话语权及利润分配。其次，对于自然科学、新能源、航天航空等具有基础性的研究方面，我国当前技术方面所碰到的"天花板"也就越来越多，引入的门槛也就越来越高。基础性的研究就是公益性产品，国家财政部门需要进一步加大对其的支持。要注意提升原始创新能力，促进基础科学研究、应用科学研究、技术开发的协作贯通，实现原始创新和再创新、集成创新的整体融合发展。

4. 应该支撑企业积极地努力开发和探索适合于新技术、新产品的商业模式

技术创新和企业市场竞争革命性的技术创新，需要我们将其与企业技术创新有效地紧密结合在一起，如此才能够将其继续大力推进。与现代计算网络技术、感觉识别技术、人机交互技术、通信网络技术、数字化数据处理计算技术等各种现代信息电子技术创新发展趋势相互匹配，发达国家的制造商业模式已经初步出现了云计算制造服务模式、智慧城市制造服务模式、O2O 和 O2C2C 制造模式、跨境企业生产技术服务提供模式、大规模产品订购升级定制、3D 升级制造商等模式。

我们也应该充分利用自贸区的规划建设及重点产业园区建设发展，支持地方政府和中小企业把其传统技术创新和传统商业模式的融合创新有机结合起来，鼓励其积极发展利用大数据、云计算、网络平台、移动万物互联等创新商业模式。

5. 企业要进一步提高跨界的创新能力和组织能力

未来的竞争，已经不再是个体公司之间的竞争，而是商业业态和商业系统之间的对抗和竞争，特别是在一些巨大规模的跨国公司中，服务业所占的比重会越来越大。从之前提供的欧美国家的经验来看，不同行业的企业之间，需要进行跨界合作，而跨界竞争不言而喻也成为一种新趋势。

对于我国来说，依然是要以创新为主线，让新一代信息技术为载体，实现跨领域、跨行业的融合发展。从而为实现经济转型提供重要的突破口。前面已经讲到，跨界融合可以催生很多新业态和新模式，实现很多创新发展的机会。比如，信息企业和制造企业的融合，最典型的例子就是阿里巴巴投资海尔，而小米投资了美的，生产出具有更加智能化的、有意思的产品。而服务业和制造业的融合,最典型的例子就是网络视听、智慧照明、移动医疗等新技术的发展与应用。而网约车、闲鱼等共享经济的代表,则是利用了新服务技术和服务业的融合产生的。

第三节　上海市案例

当前的中国经济和世界经济都呈现新的常态，在新的常态形势下，我国的经济该如何转型升级？我们国家的企业应该如何创新发展？关于这些疑问，上海首先给出了答案。上海市经信委李耀新主任在专题报告会的论述中明确指出，四新经济是企业创新转型发展的必由之路。从全国范围来看，对于四新经济的发展实践，上海走在了最前面。

一、政府支持是前提

首先，对于全球经济的形势，上海市政府早就给出了合理的判断。对于全球的新技术革命和产业改革，上海也早就有了准备迎战的打算。面对新旧产业之分，考虑到不能再人为地把产业区分为新和旧了。一些全球知名企业之所以长盛不衰，就在于依靠技术创新获得源源不断的领先优势。一些风靡世界的品牌抑或是奢侈品，其实大部分都没有超出纺织、时尚、日用品等类别范畴，是传统意义上的传统产业，只是经过创新挖掘做成了高、精、尖产业。可见，任何产业都存在创新的条件，传统产业经过改造升级，一样可以从低端走向高端。

正是出于以上这些情况和产业实际的考虑，上海提出了四新经济模式。这是依托战略性新兴产业和高新技术，以市场为导向，以技术、应用和模式创新为内核的新型经济形态。四新经济具有相互渗透、跨界融合、高速成长、轻资产等特性，既体现国际产业发展最新领域，也包括对传统产业的改造升级，更注重无形资产、核心团队、智慧发展和核心竞争力。

早在 2013 年，市经信委在推进上海经济转型、产业升级、结构调整和产业创新中，结合当时上海地区本土的产业特色，重点研究探索了新技术、新产业、新业态、新模式。上海市政府曾多次明确提出三点基本要求，即坚定不移地着力狠抓产业减与压，结构性产业调整把落后的产业淘汰掉；坚定不移地着力抓好新与增，"新"也就是"四新"（新技术、新产业、新业态、新模式），"增"也就是一个新的经济增长点，发展需要新动力；同时还要狠抓在重点产业领域加快转型发展升级。

杨雄市长在 2014 年上半年亲自牵头建立"四新"经济的推进机制，明确"2+X+17"的模式，由经信委负责日常总体推进工作。到后来，"四新"经济被纳入国家发展战略，上海要作为推进全国"四新"经济的实践区。

确立了三类"抓手型行业"：一是机器人、3D 打印、智能传感器等 12 个引领制造业发展趋势的重点方向；二是智慧照明、移动医疗、车联网等 10 个制造与服务相融合的先进方向；三是网络视听、互联网金融等 14 个跨界融合催生的新型服务业态。我们设立对口的专项基金，鼓励建立企业创新联盟，打造创新型的"四新"产业基地，还专门配备了人才实训基地，把人才作为产业竞争力的核心要素。

上海发展"四新"经济，不是拼已有的资源和成本，而是要在轻资产、高成长性、高度智能智慧依赖性等领域体现上海的优势。对于 2015 年"四新"经济工作，要突出"2554"。"2"就是科技创新中心抓好两个一批，一批创新工程，一批创新项目；第一个"5"就是在创新体制机制上抓好五个突破，第二个"5"就是在服务支撑体系中突破五个"瓶颈"；"4"就是最后落脚点体现在上海"四新"经济发展。

面对"四新"经济新战略，上海企业认识到"四新"经济的动态性特点，互相错位发展，而不搞短兵相接。将发展四新经济从"10R"转变经济发展方式，进行再定义、再创意、再设计、再利用、再减量、再循环、再制造、再组建、再架构、再消费。另外，上海企业十分注重创意，以创意设计引领产业和城市转型，把创想、创意、创造、创新、创业组合起来。此外，还大力推进外环生态经济圈建设，建立产业创新转型发展平台。

在市经信委的创新性尝试下，与市金融办一起支持上海股权托管中心创建"四新板"，同时也在部分区县试点创建"凤凰板"，通过关、停、并、转、迁的方式推动产业转型。

这些政府带头采用的措施和政策，都为企业的创新转型指出了方向，也带来了更好的发展机遇。此外，在新形态呼唤下，上海市政府也有了一番新作为。过去政府通过土地指标、专项资金、税收优惠等扶持传统产业的方式，显然难以适应四新经济的新需求。上海则勇于打破思维定式和既有模式，政府不能再大包大揽，要主动简政放权，探索"负面清单"与"正面引导"相结合的管理方式。特别是立足服务转变政府职能，健全服务转型、服务创新、服务企业、服务人才的体制机制，替代传统的招商引资、审批管理体制机制，彻底打破四新经济发展的制度藩篱。

在推进四新经济过程中，政府不作顶层规划，不分传统和现代，不规定统计口径，不锁定范围和发展内容，不固定推进模式和方法，坚持从政府导向转向市场导向，从单纯的技术导向转向创新导向。坚持推进新技术、新产业、新业态和新模式发展。

在这些政策红利下，很多企业在创新方面大施手脚，取得了不错的成绩。

比如上海康阔光传感技术有限公司就是通过自主科技创新，登上了全光纤电流传感器科研的高峰，至今已获得：一项美国发明专利，三项中国发明专利，三项中国实用专利。电流传感器不仅应用于智能电网，同时还应用于冶金、发电、航空、航海、雷电监测等仪器仪表，是光栅技术的发展和应用研究的一个新里程碑。

而另一家上海罗克环控节能股份有限公司是一家专业从事节能改造、中央空调节能系统设计、施工、运行管理及设备维护保养的企业，项目涉及工业、商业、农业、畜牧业等环控和节能领域，2014年成功获得了国家专利局授予的7项专利证书。14年来，承接了几十项大型项目，铸就了又一个"四新"企业的典型。

二、上海四新经济发展迅猛

在"大众创业、万众创新"的推动下，新经济成为上海带动经济增长的新支撑点。新消费方面，各区进一步朝着服务型、高质量、个性化方向发展。静安区宝尊、闵行区苏宁云商、普陀区拉扎斯等电子商务领军企业迅速发展，带动新兴商业保持较快发展势头。

新产业方面，各区聚焦价值链中高端，深化推进前沿产业布局。青浦区加快发展北斗位置服务、核建核技术、智慧物流、民航、软件信息等前沿科技研发应用；虹口区依托已有的上海环境能源交易所，积极承接"绿色技术银行"项目落地，加快整合区域资源，夯实"总部+技术转移孵化平台+转化应用示范园区"的规划布局，大力发展节能环保产业和绿色技术产业。宝山区深入拓展邮轮产业链，国际邮轮船供实现零的突破，与中船集团共建国际邮轮产业园，与地中海邮轮公司共建邮轮总部基地，成功引进中船集艾、地中海船舶管理等五家邮轮服务企业，成功举办上海邮轮旅游节、Seatrade亚太邮轮大会等重大产业活动。

新业态、新模式方面，各区发展活力不断增强。嘉定区集成电路及物联网、新能源汽车及汽车智能化、智能制造及机器人等四大新兴产业集群的规上产值均实现两位数快速增长。崇明区积极推进绿色农业发展，全区绿色食品认证比例达60%，入选首批国家农业可持续发展试验示范区。

在四新经济的带动下，上海制造业和服务业呈现出强劲的发展势头。2017年全年，上海各区规模以上工业总产值普遍实现正增长，6个区增速超过两位数，且郊区增速均超过去年同期水平。

数据显示，高新技术产业成为各区制造业驱动增长和提升竞争力的主要源泉。嘉定区以"两高四新"产业引领增长，实现了四大新兴产业快于战略性新兴产业增长、战略性新兴产业快于规上产业增长的目标，前11个月四大新兴产业产值同比增长27.9%，快于战略性新兴产业的18%和规上工业的10.9%。松江区着力打造先进制造业发展新引擎，引进海尔智谷、清华启迪等重大项目入驻G60科创走廊，前11个月六大战略性新兴产业产值增长15.6%，高于全区工业总产值4个百分点。闵行区四大园区工业总产值同比增长10.5%，高出全区工业总产值5.7个百分点，占全区规上工业总产值的66.5%。

现代服务业继续领先增长。2017年，各区着力提升产业服务能力，现代服务业发展加速。长宁区预计全年现代服务业税收同比增长8%左右；普陀区现代服务业区级税收增长22.98%，占区级税收比重达44.46%，首次超过房地产业；徐汇区现代服务业实现增加值748亿元，同比增长9.2%，占地区生产总值的比重达46.5%。

2018年以来，上海各区应集群发展战略新兴产业。各区可以聚焦园区发展和项目建设,推动工业投资结构优化升级,加强政策聚焦和行业应用,加快推动高端装备、机器人及智能硬件、新材料、人工智能、节能环保、医疗健康等新兴产业集群发展。巩固提升先进制造业基础地位,着力促进产业新旧动能转换,聚焦突破重点行业、重大装备、关键领域核心技术,提升产品质量和自主品牌。

第四节 山东省案例

一、新旧动能转换以"四新"促"四化"实现"四提"

山东地理位置优越，处在我国由南向北扩大开放、由东向西梯度发展的战略节点上。山东是东部沿海经济大省，2016 年实现地区生产总值 6.7 万亿元，折合约 1 万亿美元，位居全国第三位，人均超过 1 万美元，正在向高收入国家水平迈进。

早在 2017 年 6 月，山东省第十一次党代会就把继续加快推进新旧动能转变作为支持和统领经济增长的重要工程，积极创建了国家新旧动能转变综合试验区。推动新旧两种驱动能力的转换，其中最核心的内涵就是要用"四新"来促"四化"，从而实现"四提"。

"四新"，就是准确地把握了科技发展的前沿趋势和社会主义经济增长脉络，推进了数字技术、信息电子技术、智能科学技术、绿色科学技术等新兴技术异军突起，推动了人工智能、机器人等新兴产业的培育和壮大，推动了基于移动互联网的技术创新设计、智能制造、新型市场营销等新业态层出叠现，推动了分享经济、平台经济、融合市场经济等各种新模式正在蓬勃崛起。

"四化"主要内容包括以下方面。

一是产业重点化，也就是"产业智慧化"，就是通过充分利用当前山东省现代传统产业发展规模和人口总量大、市场大和竞争力强等优势特点，加速现代工业化与现代信息化的产业深度融合,推进山东传统产业的深化改造和转型升级,实现山东经济增长动能"有中生新"。

二是"智慧产业化",就是通过智慧腾笼捕鱼、换笼打鸟,抢占一批国家规划重点和战略新兴产业的发展制高点,培育和发展壮大一批国家战略重点新兴产业发展规模,实现经济动能"无中生有"。

三是"跨界融合化",就是切实做好三次不同产业之间、产业内部、行业之间的深度融合和跨界整合,培育和大力挖掘新的山东经济动能增长点,实现山东经济增长动能"新中生优"。

四是"品牌高端化",就是山东要大力贯彻落实国家品牌战略,提升自己的国有企业知名品牌、行业知名品牌、地理位置标识区域品牌,推动"山东制造"向"山东创造"方向转变,实现经济动能"优中生高"。"四提"也就是"四新、四化"的核心宗旨,即努力加快实现我国传统产业发展提质增效、新兴产业发展提供新规模、跨境技术融合产业提供新潜能、品牌和谐为高端产品提供新价值。

二、做好"存量变革"和"增量崛起"两篇大文章

加快改革推进新旧动力驱动发展能力的有效转换,建设一个社会主义市场经济、文化强国大省,产业化在转型升级的发展过程中至关重要。山东将来会继续坚持不懈地认真做好"存量变革"与"增量崛起"这两篇重要的理论文章,加快"腾笼换鸟""凤凰涅槃",努力推动发展加快打造万亿元级的特色产业能力集群。

一是需要继续努力坚持不断地为去产能腾出更多时间。分类施策、多措监管并举、标本兼治,综合利用市场法治化和企业市场化的政策手段,探索

和完善构筑促进市场自动化和清理的市场长效机制，引导实体企业有序实施压减产能、淘汰落后的过剩产能，促进各种社会要素人力资源的有效优化合理配置。

二是继续坚持培育和发展壮大国家战略性文化新兴产业，顺应新一代技术、新型产业的不断变革发展趋势，以新型第一代应用信息电子技术、高端机械设备、新能源型新建筑材料、现代生态海洋、医养健康等五大文化新兴产业重点作为国家发展战略重点，打造推动战略性文化新兴产业持续发展的战略策源地和产业集聚示范区，培育和壮大形成新增长动能的产业主体。

三是加快转型改造升级做强传统特色优势产业。加强全区科技模式改造与商业模式改革创新，推动全区传统产业脱胎换骨、提质降量增效，加快培育发展全区高端食品化工、现代农业、文化艺术创意、精品文化旅游、现代产业金融等五大区域优势产业，改造和增强提升全区传统产业经济增长动能，实现"老树发新芽"。

三、"10+2"重大工程取得实质性进展，创新驱动成第一推手

新旧一轮动能结构转变必须有一个抓手，山东从总体上重新梳理了"10+2"的重大动能工程。"10"规划内容主要包括：（1）重点打造国家级中小型高端石化产业基地；（2）充分利用大量钢铁、电解铝资源降低煤炭产能和少量不可减少的煤炭化硫排放；（3）全面规划建设一批国家重点医养院和相关医产结合的国家示范区和省；（4）重点打造中国服装设计行业国际品牌及中国建筑设计行业全球服务平台；（5）重点打造山东潍坊新区国家现代农业经济对外贸易开放综合发展体制综合改革试验区；（6）进一步发展壮大和加快发展济南海洋旅游经济；（7）按照要求国家规划重点建设促进济南市新旧动力驱动发

展能力高效转换的国家先行示范区;(8)推进黄河滩区规划实施产业脱贫、精准攻坚与产业搬迁计划建立的重大民生工程项目;(9)规划推进胶济高速铁路重大基础工程项目;(10)推进渤海海峡首条跨越国际航运运输通道建设工程。"2"主要指两方面,一是五年深化"放管服"管理制度深化改革;二是五年要进一步深入改善农业民生,加快开发培育潜力藏蓄这些蕴藏于居民就业、医疗、养老、棚户区改造建设等各类新型民生社会事业建设工作当中的强大创新发展动能。

目前,"10+2"的重大重点工程项目都已经顺利取得了一些实质性的重大进展。高端石化产业基地的规划建设,已经由山东省专门编制和组织形成了国家级以上的一个高端石化装备产业基地规划建设的总体实施方案,芳烃、乙烯等巨大石化项目已被国家列为《石化产业规划布局方案》;对于济南新旧替代能源燃气转换技术先行示范区的规划建设,已经专门组织专家编制了项目总体方案,开展了一系列的石化高标准工程规划设计研究,健全了重点工程建设领导班子、管理考核委员会等的相关组织领导机构,正在深入研究做好对于济南跨河隧道桥隧的总体规划设计建设等的相关准备工作;正在推进建设国家健康医养医疗结合产业示范区全省的规划建设,已经有关民政部门组织编制和完成上报《山东省建设国家医养结合示范省工作方案》《国家健康医疗大数据北方中心申报方案》;推进黄河滩区整体脱贫产业搬迁,争取用三年的剩余时间,到2020年年底前全面完成山东省黄河滩区60万贫困人口的整体脱贫与产业搬迁,这一次搬迁既是重要的国家政治战略任务,也是重要的社会民生建设工程,编制的《黄河滩区脱贫与搬迁规划》,已经全部获得了相关国家部门的政策批复和同意,该重大项目重点工程建设正在全面落实。

同时,按照"大、新、好、实"的项目设计标准,山东已经基本建立了高质量技术水平的新旧储备动能综合转化利用项目储备仓库,从各个行业方面看,在共计 5 次提报的 3700 多个动能项目中,经过 4 轮严格考核和多次调整,筛选后最终审议确定了先期配置储备动能项目 600 个,总投资 3.8 万亿元。山东将通过继续充分运用"互联网+"、大数据等高新技术和信息手段,打造重大的重点项目过程管理和监督服务平台,最终在全省范围内逐步形成"全省一张图、一个项目一张表",实现对重大项目的过程管理、推进、监督、服务整个过程的深度覆盖,推动重大项目的快速落地和有效执行。

为了有效地推动新旧动力驱动技术能量的有效转换,山东将始终坚持科技第一生产力、创新驱动第一动力的指导理念,瞄准科技先进技术领域国际顶尖技术水平,开展一批具有国际前瞻性的课题研究,加大对龙头企业的发挥创新技术驱动产业主体作用地位的政策扶持,在其重点优势产业领域内努力建立一批具有全球并列长跑型、领先者和顶级的产业龙头技术骨干企业,形成一批创新技术驱动的产业人才。

四、融入"一带一路",主动实施对接沿线国家的重大产业发展规划战略

山东还将以正面树立世界观的视野和开放的战略思维,积极主动投身于"一带一路"建设,主动参与迎接京津冀、长江丝路经济带、雄安新区等一系列国家的重大区域发展改革战略,实现更高发展水平的区域开放性经济发展。鼓励境内外国有投资者用多种不同方式投资,推动山东省新旧驱进劳动力高效转化的试点重大项目投资建设。按照"政府引导、市场运作、分类管理"的运作模式,设立了总投资规模 6000 亿元的新旧能源动能有机互换产业投资基金。同时,还进一步探索创新运用科学信息技术、土地、财税、金融等多个体制机

制改革。

五、深化"放管服",激发新的市场经济活力和社会创造力

为充分调动资本市场的创新活力和发挥社会性的创造性,推动新旧动力驱动发展能力的有效转换,山东省继续努力坚持强化改革开放引导、法治发展思维,强化市场主动性加强服务。山东正以努力加快打造"审批事项少、办事效率高、服务质量优"的现代行政办事审批受理工作服务环境体系为服务宗旨,深化"放管服"制度改革,开展财政削权减费降价增税减证、流程管理重复机制再造、精准高效监管、体制改革创新、规范财政使用权"五大行动",推行"一窗受理"、"一网办理"、联审联批联办、全产业链条统一办理等多种行政办事审批服务工作管理新模式,减少了地方政府在市场微观经济的权力干涉,最大限度向商业市场公开放权,营造一个诚信、公平、法治的商业市场经济环境和生机勃勃的"双创"创业生态环境,使得中小企业员工可以安心商业运作、潜心创业、放心发展。

第五节 浙江省案例

一、数字经济是"一号工程"

数字经济有很多定义,但在技术创新与社会进步相互促进的今天,数字经济的内涵不断深化、不断增加。数字经济就是以数字化的知识和信息为关键生产要素、以现代信息网络为重要载体,通过大数据、人工智能等技术的广泛应用,并与各类经济活动深度融合,显著优化经济运行环境,提升经济运行质量和运行效率。数字经济是创新经济、绿色经济、开放经济、共享经济,也是充满活力、代表未来的新经济。从全社会角度看,数字经济是推动经济变革、效率变革和动力变革的"加速器"和"放大器"。

这些年来,数字经济一直是浙江省保持高质量发展的"一号工程",浙商在数字经济领域快速发展,已经生发出生命健康、集成电路等高科技产业。把握住产业发展机遇,发挥数字经济的创新优势,已经成为浙江经济转型的重要推手。

浙江是中国改革开放的先发地,也是中国数字经济发展的一个缩影。近年来,浙江省以首个国家信息经济示范区建设为主抓手,以"两化"深度融合为发力点,以新技术、新产业、新业态、新模式"四新"为重点,抢抓数字经济变革的时间窗口,积极营造数字经济生态,以数字经济为标志的新经济正在加速崛起。

就拿 2017 年的数据来说，2017 年前三季度，浙江新经济规模 1344 亿美元，占 GDP 的 24%，对经济增长贡献率达 31.9%。正是得益于数字经济等新经济，浙江经济保持持续健康的发展态势，形成动力转换、结构优化、质量提升的良好局面。2017 年前三季度，浙江 GDP 增长 8.1%，城镇居民人均收入增长 8.4%、农民人均收入增长 9.0%。

二、以创新带动数字经济发展，进而带动社会全面进步

浙江省大力推动杭州城西科创大走廊、杭州国家自主创新示范区、高新园区、西湖大学、产业创新综合体等一批创新大平台建设，打造"产学研用金，才政介美云"十联动的创业创新生态系统，全力打造"互联网+"世界科技创新高地。梦想小镇、云栖小镇等互联网特色小镇异军突起。一年一度的云栖大会，成为全球创业创新者向往之地，成为全球互联网科技界的一场盛会。诞生了阿里巴巴、海康威视、大华、新华三等一批互联网企业。

实体经济是数字经济发展的重要领域。浙江省还大力实施"中国制造 2025 浙江行动纲要"，联动推进"数字化+""互联网+""智能化+""标准化+"，全面推进智能制造和"十万企业上云"行动，积极培育网络化协同、个性化定制、在线增值服务、分享制造等"互联网+制造业"新模式，加快传统产业数字化、智能化，全面振兴实体经济。全省"两化"深度融合发展指数达 98.15，居全国第二位。早在 2016 年，全省在役工业机器人占全国的 12% 左右，居全国第一位。

数字经济的发展引领了社会的全面进步。增进民生福祉、推动社会进步是数字经济发展的落脚点。浙江省坚持以人为本，大力推动科教、健康、环保、交通、旅游、安全等民生领域的"互联网+"应用，加快智慧城市建设，

全面实施"城市大脑"行动计划，不断满足人民日益增长的对美好生活的需要。中国"新四大发明"（高铁、网购、支付宝、共享单车）中，网购和支付宝这两个在浙江诞生。"云"上银行、无人超市、移动支付、互联网法院、互联网医院等新技术新业态新模式大量涌现，移动支付总额及人均支付金额均居全国第二，全国电子商务百强县和淘宝村的数量均居全国第一。徜徉在乌镇河道中的摇橹船，也安装了北斗定位系统，可手机呼叫、随叫随到。杭州是全球最大移动支付之城，老百姓吃、穿、游、购、行，一个手机就能搞定。

党的十九大开启了全面建设社会主义现代化国家的新征程，浙江开启了新时代下高水平全面建成小康社会，高水平推进社会主义现代化建设的新征程。习近平总书记在贺信中指出，"中国数字经济发展将进入快车道""要建设网络强国、数字中国、智慧社会，推动互联网、大数据、人工智能和实体经济深度融合，发展数字经济、共享经济，培育新增长点、形成新动能""推动世界各国共同搭乘互联网和数字经济发展的快车"。浙江省牢牢把握数字经济变革的新时代机遇，以人民群众的获得感、幸福感、安全感为目的，以高质量、高效率、高效益为核心，加快发展以数字经济为标志的新经济，打造数字经济生态最优区域，推动经济数字化转型、社会数字化转型、政府数字化转型和人的数字化转型，为高水平推进现代化建设注入强劲动力。

三、打造"五高"，向现代化更进一步

1. 高水平创建浙江大湾区

世界银行资料显示，全球 75% 的大城市、70% 的工业资本和人口集中在距离海岸 100 千米的海岸带地区。湾区是全球高端要素竞争的主战场、数字化转型的新舞台、新经济发展的大平台。正在打造的大湾区，核心是杭州湾

经济区，拥有全省68%的经济总量、55%的人口、78%的发明专利申请量、76%的高新技术产业产值、78%的境内上市公司、75%的中国民营500强企业，具备打造高水平湾区经济的实力、活力和潜力。对标纽约湾区、旧金山湾区、东京湾区等国际著名湾区，通过打造世界级创新型产业集群、现代金融高地、现代科创中心、现代智能交通体系、现代开放门户、现代化高品质国际化城市、国际一流优美生态环境、服务型法治政府、提升公民素质、推进区域一体化等十大举措，将杭州湾经济区建设成为全国现代化建设的新样板、全球新经济革命的重要策源地、长三角区域创新发展的新引擎，力争到2035年建成现代化世界级大湾区。在"互联网+"思维下，用数字化手段，将大湾区建设成数字经济的创新高地。

2. 高效率构建现代产业体系

数字经济是高效率经济。按照党的十九大精神，浙江省还将加快建设实体经济、科技创新、现代金融、人力资源协同发展的产业体系。一是做大做强实体经济。按照"制造强国"部署，全力推进互联网、大数据、人工智能和实体经济深度融合，超前谋划布局一批重量级未来产业，支持跨国公司、"单打冠军"企业做优做强，实施"凤凰行动"，力争五年拥有1000家上市公司，培育10个"千亿元级先进制造业集群"。按照"贸易强国"部署，支持阿里巴巴新零售、农村电商、电子世界贸易平台（eWTP）、跨境电商、移动支付、快递物流等新技术、新业态、新模式做强做大，探索建设舟山自由贸易港和"网上丝绸之路"，加快培育贸易新业态、新模式，把浙江建设成具有国际市场话语权的新型贸易中心。二是以超常规力度建设创新型省份。高标准打造以网络信息和人工智能为特色的之江实验室，对标世界一流，创建国家实验室，撑起未来浙江基础研究的新天地，联手浙江大学、阿里巴巴和"达摩院"，努力追赶或站上世界科技前沿。大力发展集成电路、软件等产业和分享经济,打造云上浙江、数据强省,力争在互联网、物联网、大数据、人工智能等领域成为领跑者。三是积极发展现代金融。充分发挥杭州等移动支付之城、网商银行等互联网金融、泰隆银行等小微金融、温州民商银行等民营金融、玉皇山南基金小镇等金融特色小镇、宁波国家保险综合创新试点等诸多优势,探索建设"无现金浙江",加快建设集网络金融安全中心、网络金融产业中心、移动支付中心、保险创新中心于一体的新兴金融中心。四是加大引才、育才力度。牢固树立人才强省的工作导向,全面推进"人才+"行动,深化实施人才新政和高水平建设人才强省行动纲要,全力打造人才生态最优省。

3. 高质量增进人民的获得感、幸福感、安全感

坚持以人民为中心,深化"互联网+公共服务",大力推进"互联网+教育"、"互联网+医疗"、"互联网+文化"、智慧养老等,加快信息化服务普及,降低应用成本,促进基本公共服务均等化,让互联网更好地造福老百姓。运用"互联网+"方式提升农业、振兴农村、富裕农民,发展农村互联网基础设施和农村电子商务,助力乡村振兴。被称为"共享医院"的医疗大卖场——Medical Mall,是各类独立设置的门诊部、诊所组成的医疗综合体,由浙江解百集团、迪安诊断、百大集团三家上市公司联合投资运营管理,由邵逸夫医院运作,目前有 12 家医疗机构进驻。浙江预约诊疗服务平台已有 300 余家医院、833 万用户、预约总量 3653 万人次,老百姓在家就可以挂号问诊。2013 年,山区小县遂昌农村电子商务诞生"赶街模式",实现"消费品下乡"和"农产品进城",地瓜干从线下到线上,农民收入提高了 4 倍。这样的例子在浙江遍地都是。全省农村网民 1107.8 万人,农产品网络零售近 60 亿美元,位居全国首位。

4. 高起点打造社会治理体系

加强和创新社会治理，构建覆盖全省的"平安网"，努力建设更高水平的平安浙江，打造平安中国示范区。深化"互联网＋司法"，推进网络社会法治建设，推动网上纠纷网上解，重拳整治网络秩序，用智慧法治提高法治思维和法治方式能力。深化"互联网＋社会治理"，加快建设以综治工作、市场监管、综合执法、便民服务为内容的基层治理体系"四个平台"，推动社会治理模式从单向管理转向双向互动、从线下转向线上线下融合、从单纯的政府监管向更加注重社会协同治理转变，打造共建共治共享的社会治理格局，建设平安社会。"四个平台"主动对接村民的民生诉求，对乡镇（街道）和部门派驻机构承担的职能相近、职责交叉的日常管理及服务事项进行整合，形成了四个功能性工作平台，目前各地已全部完成建设任务。

5. 高标准推进政府数字化转型

在全省开通浙江政务服务网、最大限度地实现政务信息集中公开和网上服务集中提供的基础上，深化以人民群众获得感和满意度为导向的"最多跑一次"改革，大力推进"互联网＋政务服务"，让企业和老百姓办事只跑一趟甚至不用跑。加快建设企业投资项目在线审批监管平台2.0版，深化投融资体制改革，让企业投资更加便利化。把"打破'信息孤岛'、实现数据共享"作为推动政府治理数字化转型的重大举措。以"最多跑一次"改革撬动政府治理体系和治理能力现代化，打造"极简政府"和人民满意的服务型政府，不断提升行政质量、效率和政府公信力，加快营造高水平营商环境。

如今，面对"一带一路"的历史机遇，浙江省又在探索从"引进来"到"一带一路""走出去"的路径。未来，浙江经济一定会百花齐放。

第六节　安徽省案例

自从党的十九大提出"要坚定实施创新驱动发展战略,加快建设创新型国家,培育新增长点,形成新动能"之后,安徽省近些年来一直在贯彻党中央和国务院的决策部署,提出五大发展行动计划并且深入实施,加快了新旧动能的转换步伐。仅在2018年上半年,安徽省生产总值增长8.3%,规模以上工业增加值增长8.9%,战略性新兴产业产值增长18.8%。

一、围绕创新产业,大力推进"三重一创"

围绕培育新产业,大力推进"三重一创",这是安徽省推动战略性新兴产业集聚发展的重要创举,即通过建设重大新兴产业专项、重大新兴产业工程和重大新兴产业基地,加快建立创新型现代产业体系。

新型显示冲刺世界级产业集群,京东方10.5代线、康宁玻璃基板建成投产,视涯硅基OLED启动建设,站上显示产业全球制高点;集成电路产业复合增长率全国第一,产值位居全国前列;建成智能工厂41个、数字化车间320个……作为全国重要科教基地,安徽合肥坚持创新驱动战略,加快建设一批重大新兴产业基地、实施一批重大新兴产业工程、布局一批重大新兴产业专项,量子通信、平板显示、智能制造、智能语音等一批战略性新兴产业迅猛发展,抢占技术与产业竞争制高点,构筑面向未来的战略产业新优势。

另外,安徽省围绕突破核心关键技术,启动建设一批国家产业创新中心,推动创新资源的集聚和高效利用，构建创新网络，提升产业迈向价值链中高端的能力。安徽还启动建设"数字江淮"中心，整合汇聚全省数据资源，推进数据资源开发利用。围绕发展新经济，安徽加快建设"数字江淮"，着力打造"数字经济、数字政府、数字社会"三位一体的数据引领型发展模式，加快培育数字经济产业集群，支持建设数字化车间和数字化工厂，并积极推进"电商安徽"建设。

瞄准培育发展"新动能"，安徽正以推进供给侧结构性改革为主线，推动数字产业化、产业数字化，做大做强数字经济，助推经济结构调整和新旧动能转换，构建数字经济的现代产业体系。

"一创"是指走自主创新之路，掌握发展主动权。以关键共性技术、前沿引领技术、现代工程技术、颠覆性技术创新为突破口，努力实现关键核心技术自主可控，牢牢掌握创新主动权、发展主动权。

为此，安徽统筹推进原始创新、技术创新、产业创新和制度创新，形成由点到面、由中心到全局的省域创新网络。围绕增强创新能力，安徽加快建设"四个一"创新主平台，一批原创性科技成果、支撑性产业成果、示范性制度成果不断涌现。2017年，全社会研发经费支出占地区生产总值比重首次超过2%。2018年上半年每万人口发明专利拥有量达8.6件，吸纳技术合同数、合同交易额分别增长26.3%、38.4%。

抓创新首先要抓科技创新，补短板首先要补科技创新的短板。要在前沿领域加快部署重大科技基础设施，夯实基础研究的物质基础，支持发展前沿交叉研究平台，培育科技创新和经济发展的新增长点。

其次是厚植创新土壤，双创"升级版"、"'四送一服'双千工程"集中活动促成了产学研用合作新成果。推动中国科技大学、合肥工业大学、中科院合肥物质研究院等 7 家高校院所和芜湖市企业开展产学研用合作，摸排出拟转化合作科研要素项目 121 个。2018 年上半年，按照省委、省政府部署要求，省发改委牵头，会同相关部门组成安徽省"四送一服"双千工程第十一工作组入驻芜湖市，开展为期 1 个月的"四送一服"双千工程集中活动，通过送新发展理念、送支持政策、送创新项目、送生产要素等活动，更好地服务芜湖实体经济发展，创优营商环境。

最后是构建鼓励创新的社会环境，厚植创新土壤，不断激发创造活力。党的十八大以来，我国坚定实施创新驱动发展战略，深化体制机制改革，特别是"放管服"改革，优化营商环境，推进"大众创业、万众创新"，不断激发全社会的创新活力。近几年来，安徽省出台了一系列鼓励支持创新创业的政策举措，政策效应正在持续释放，突出表现为创新创业热度不减，新增市场主体量质齐升。

这几年来，党中央、国务院连续出台了优化科研管理提高科研绩效、深化"互联网+政务服务"、加强科研诚信建设、加强知识产权审判领域改革、推进人才评价机制改革等文件，进一步破除制约创新创业的制度障碍，释放新动能发展的活力。

另外，"全创改"也是安徽省贯彻习近平总书记视察安徽重要讲话精神、落实安徽省五大发展行动计划的重要抓手。早在 2017 年，安徽省在深入开展系统推进全面改革试验方面，累计完成改革任务 50 项，5 项改革举措被国务院列入首批推广经验，其中 2 项为全国首创。

另一个举措，试验区在加强知识产权保护、激发发明人内生动力、创新科技型企业融资新渠道、促进军民创新资源双向流动等方面，探索了一系列行之有效的办法和举措，为营造良好的创新环境打开了新的局面。

二、精准"去降补",供给侧结构性改革取得新进展

推进供给侧结构性改革,是经济发展新常态下实现新发展的治本良方。党的十九大报告指出,建设现代化经济体系,必须把发展经济的着力点放在实体经济上,把提高供给体系质量作为主攻方向,显著增强我国经济质量优势。

从2018年开始,安徽省《政府工作报告》首先提出了"继续抓好'三去一降一补'",并且出台《关于促进经济高质量发展的若干意见》,将"深化供给侧结构性改革,促进实体经济发展"列为十大举措之一。

坚持向振兴实体经济发力、聚力,省委、省政府多次明确,供给侧结构性改革是一场必须打赢的硬仗。全省各地各部门以去产能、去库存、去杠杆、降成本、补短板五大任务为抓手,推动供给侧结构性改革不断取得新进展、新成效,持续增强经济增长动力和活力。提高供给体系质量,最终要落到企业、产品上。

皖企华米科技在智能可穿戴产品上不断推陈出新,智能手环、智能手表等新产品屡屡大卖,同时利用智能设备形成的数据库,积极发展运动和健康医疗领域互联网服务,不断满足消费者升级产品需求和服务需求,企业效益大幅提升。

此外,安徽省还加快发展先进制造业,推动互联网、大数据、人工智能和实体经济深度融合,在中高端消费、创新引领、绿色低碳、共享经济、现代供应链、人力资本服务等领域培育新增长点、形成新动能,促进产业迈向价值链中高端,经济高质量发展态势不断显现。

受益于供给侧结构性改革的推进,2018年以来,全省经济主要指标增幅好于预期、高于全国、位次靠前。上半年,全省战略性新兴产业产值增

长 18.8%，单位地区生产总值能耗、单位工业增加值能耗分别下降 4.99% 和 5.1%。

一个人才带来一个创新团队，一个创新团队催生一个创新产品，一个创新产品孕育一个领军企业——这在全省并不少见。安徽省深化科技体制改革，着力建立以企业为主体、市场为导向、产学研深度融合的技术创新体系，加强对中小企业创新的支持，促进科技成果转化，培养、引进了一批具有国际水平的战略科技人才、科技领军人才、青年科技人才和高水平创新团队，成效明显。

在创新驱动和供给侧改革的双重推动下，新技术、新产业、新业态、新模式蓬勃发展，新经济新动能有效支撑经济增长。到 2020 年，安徽省规模以上工业战略性新兴产业产值增长 18%，比全部规模以上工业产值增速高 12.5 个百分点；规模以上高新技术产业增加值增长 16.4%，比全部规模以上工业增加值高 10.4 个百分点。以现代互联网信息技术为支撑的新兴服务业表现强劲，全年信息传输、软件和信息技术服务业增加值增长 18.2%。网上商品零售快速增长，全年限额以上实物商品网上零售额增长 25.3%，互联网实现餐费收入增长 59.1%。

第七节 江苏省案例

通过大力发展新经济的方式来促进我国经济增长和新动能，培育、塑造，发展新经济已逐渐成为我国适应世界性的新技术革命、践行创新驱动发展观的理念、实现经济新旧增长动能变化的重要工具和有效路线。

基于中国乃至世界的视野与江苏现实，江苏新型市场经济在中国加速发展的"四种形态"尤为重要。江苏省从以下几个方面发展四新经济。

一、以智能经济的发展为引领，加快制造业转型升级

以"新时代"智能经济发展为战略引领，加快和发展以现代智能制造为战略重点的新型装备制造业，建设一个具有较强国际竞争力的世界先进装备制造业基地。实施智能制造战略是构建智慧经济发展的核心内容。

江苏省作为我国制造业强省，具有良好的智能制造基础，主攻利用智能制造未来建立起一个具有较强国际竞争力的先进制造业基地，重点在于要继续加快开展智能制造的关键技术设施装备、核心支持软件、产品与工业移动互联网等系列技术的集成和应用，提升重大成套装备的集成能力与智慧型化水平。以江苏省智能化装备制造业发展为政策支撑，对我国的传统产业和装备进行了智能化的改造，建设一批智能化的生产车间、智能化的工厂，发展"江苏智造"，最终实现了制造业的提质、增效转型升级。

一个就是基于我国制造企业工艺设备流程仿真技术升级的，基于制造工

艺设备企业智能化和基于制造生产方式的工业智能化，促进了我国制造设备企业基于工艺流程仿真的智能优化、数字化流程控制、状态管理信息的自动实时远程监控和自动化适应控制，实现了基于制造消费市场要求的企业智能化现场感知。

二是基于产品升级的制造业产品智能化，使得企业的产品实现了自动储存数据、感觉指令、与控制中心进行通信的能力。

三是基于企业产品核心功能不断升级，产品设计流程智能化和售后服务的流程智能化，推进了企业智能化、数字化。该技术在中国企业产品研发流程设计、生产流程制造、物流流程仓储、运营流程管理、售后服务等各个行业关键环节的广泛、深度融合运行和广泛应用，实现了基于企业整个产品生命周期的研发制造生产活动流程智能化。

四是基于新兴产业生态链条快速转型结构升级的新兴产业智能制造装备推动制造业快速转型发展，例如3D智能打印、工业智能机器人、智能驾驶汽车、智慧家电、智慧智能家居。

二、以枢纽经济带动社会发展

以枢纽经济带动社会发展为政策核心，加快培育发展以生产性服务业为政策重点的现代服务业，建设成为一个具有较强国际影响力的世界性资源要素集聚和配置中心。枢纽型经济是作为流量型经济的重要表现形式，它是泛指一种以轨道交通或者物流枢纽、金融或者信息服务平台等为要素的资源综合集聚的平台为载体，以聚流与辐射相结合的经济活动方式为主要特征，以推进科技体制创新的方式为驱动，以优化各种经济要素的时空配置方式为主要手段，重塑各种产业空间的分工系统，全面推进区域与城市功能层次的经济发展新模式。江苏省要发展"虚实结合"的枢纽型经济，首要任务就是构筑"虚实结合"的基础设施和网络。其中，"实"网络主要包括便捷和高效的道路、铁路、航空、城际运输网络体系以及油气、水运管道网络体系；"虚"网络则主要泛指互联网、物联网等各类信息通信网络。

江苏地区由于自身的地理位置优越，可以充分发挥"一带一路"沿线交叉点和长江经济带水、陆两种交通方式的优势，通过水、陆两种运输通道的无缝衔接，实现水陆联运、海陆两种互动，打造海、陆、空"三位一体"的立体、综合交通网络和运输体系，发展港口经济、高铁经济和空港经济。具体而言，就是通过高技术水平地建设轨道交通、信息技术基础设施和网络以及其与区域的一体化，吸引了跨国企业公司的区域总部、研究中心、采购中心、财务管理中心、电子商务服务中心以及结算服务中心等多种生产性服务职能机构的落户，推动了生产性服务业朝着专业化、价值链的高端方向延伸。

苏州高新创意软件产业园已逐步发展建设成目前全国重要的专业软件服务外包及其应用集成电路产品研发与工程设计技术服务产业基地，涌现了一批软件技术创新龙头企业及其在软件行业"单打冠军"，提高了对于全球性创新元素的汇总、控制、配备与整合能力。以发展绿色经济作为政治支撑，加快培育以新能源、节能环保等产品为主要特征的绿色环保产业，建设一个国际化的绿色生态宜居示范区。加快推进生态文明工程建设，应积极引入新能源综合利用，大力促进节约能源低碳减排，形成一种有效地节约能源资源、有效地保护自然生态环境的产业结构、增长模式和消费方式，加快实现向"健康可持续发展"的绿色经济转变。

一是江苏正在继续加快对清洁利用能源的长期存量储存节能与能源转化再回收利用。加快深入研究推进我国太阳能光伏动力电池技术研发、生产与推广应用，积极探索构筑全国城市清洁能源产业互联网，建设清洁利用能源产业接受端实现城市与清洁能源产业供应链整合市场化的国家示范产业基地。

二是积极支持发展节能低碳绿色科技与智能绿色装备制造。着力于加快推进工业节能低碳减排，推进非可再生能源、原料等各类传统资源轻质重化工业集约式、清洁化与其他可再生能源综合循环利用化；积极着力于加快发展应用碳纤维、纳米材料、石墨烯等一批国家重点战略新一代材料，加快着力打造国家级新一代材料、科技型和创新材料产业基地。

三是我们坚持加速深入推进"健康宜居"生态城乡建设。以践行实现绿色生态、健康和谐宜居的绿色城市规划发展理念，践行实现节能、节水、省料的绿色现代新型城乡建设城市规划发展理念，在实施现代化新型城市城乡建设规划过程中，要继续加大对绿色新能源、新建筑材料、节能源和环境资源保护等新产品的研发投入与综合开发以及综合利用，改造和发展提升用于城市生活垃圾的综合收集与分散处理和综合利用的绿色新兴产业，积极探索培育发展绿色轨道交通、绿色景观建筑、绿色休闲餐饮等一批绿色实体经济发展业态，加快深入推进新型城镇化、绿色现代农业体系建设。

三、以创意经济作为补充，加快和发展一批以创意设计产业为主要服务重点的现代文化创意产业，建设成国际著名的创意设计产业基地

发展优秀的文化和创意产业，这将成为构建一个富有区域性和地域特征的新时代经济产业结构体系的一个重要途径。加快和发展创意装备设计，对于促进企业增强自主研发创新能力，提高装备产品的附加值，实现装备品牌的国际化，推动装备制造业和服务行业的深度融合，全面实现装备制造业的转型升

级,将具有历史性的指导价值。

将其与创意设计技术产业高度发展融合作为其产业转型改造升级的重要战略推手,依托铁路沿途京沪宁杭一线的多所高等学府、科研机构、文化产业园区等都是创意设计技术资源高度整合聚集的现代新兴产业,促进了其在工业创意设计、项目规划建筑设计、软件设计、数字文化内容等各个领域的设计技术创新优势相互交叉融合与加强协作。

在大力加快规划建设沿江区域创意设计产业旅游文化城市群及沿江大运河、沿江创意设计旅游特色产业示范带等的基础上,打造建设成一个国际著名的沿江创意设计城和世界品牌旅游文化产业基地。

一是大力开发工业创意装饰设计。以江苏省工业设计园区为主要载体,促进江苏省工业企业和设计服务企业之间的高度对接和合作,加快建立具有江苏省传统特色的现代化工业设计技术创新型产业体系和世界级一流工业设计研究中心。加快扶贫开发省苏南等具备条件的地区建立 3D 打印、虚拟化制造和装置设施信息共享等公众信息技术支持平台,根据当地的资源基础和行业优势,选择性地发展集成电路和移动通信设计产业集群、船舶和海洋机械设计产业集群,以及传统消费电子、医疗器械、文化用品设计产业集群。

二是继续大力发展继承传统的现代数字艺术创意品和装置艺术设计。加快深入实施推进国家级影视数字新闻出版产业基地的项目建设,着力于重点打造建设南京长江新城数字科技园、中国动漫游戏谷、江苏未来国际影视文化旅游产业园、国家影视数字动漫游戏综合旅游文化产业园、国家影视数字园等一批具有国际知名、国内外为主流的影视数字游戏休闲文化娱乐和影视动漫数字游戏综合旅游文化产业技术综合应用集聚示范区。

江苏地区作为一个实体经济的强国省份,紧紧围绕江苏经济建设提出的高质量发展的目标，牢牢地把握住了全球新的经济发展趋势，坚持以立足江苏经济发展的基础与条件，更加精准、更有力度地推动新的经济建设加快发展。

四、通过对标国内外成功的案例，增强了江苏省经济发展的顶层规划

也就是说，这一时期的社会主义政治体系意味着人类社会生活模式、产业格局、组织手段、制度条件等方面都将带来一场全新的变化，充分释放思维，大胆地创新制度和机制。

首先，以习近平新时代中国特色社会主义思想为指导，重新认识和正确思考江苏省在新时期经济发展领域持续发展改革过程实践中的各种思想价值观、方式、动力与发展机制，勇于主动进行理论改革和自主创新，为新时期政治经济领域的持续发展改革过程中创新提供了一个足够多的政治思维理论基础与思想动力机制来源。

其次，充分地学习吸取国内外新型经济发展的经验。以美国、德国、以色列、新加坡等一些发达国家和地区，以及北京、上海、深圳、杭州等一些国内重点城市的成功典型案例作为研究标杆，总结并学习了它们的发展实践经验与做法，结合江苏实际，开创了一条独特而又富有江苏文化和特色的新型经济发展之路。

最后，加强对专项规划的引导，构建一套关于新型市场经济增长的统计和考核制度，并对其进行了跟踪监控和评价。同时，根据新常态经济发展的新趋势、新活动动向来制定、修订和完善规划。

五、实施精准的产业政策，推动新经济发展的主体培育

围绕智能制造、生产性服务、新能源、节能环保、创意设计等重点产业领域，实施精准的产业政策，做优存量、做强增量，打造专业化的产业集群，培育一批具有较强活力和竞争力的市场主体。

首先，扩大了市场准入。降低各类新型实体经济性投资企业的市场准入条件门槛，推动新型实体经济专业性投资企业在各个领域有序地对外开放，逐步地完全放开企业对外直接投资的市场准入条件限额，鼓励社会个体、企业、机构和其他各类社会流动资本进入用于支持发展新型实体经济专业性投资企业，落实好政府先照后证等鼓励企业办理注册工商登记的其他相关优惠政策措施。给予众创企业空间以更大的扶持政策优惠与依法执行监管权限，扶持并鼓励"孵化"一批大型高新技术类众创企业。

其次，培育一批龙头企业。在各个旅游产业内部中挑选一批特别具有自身特色产品定位特色明确、竞争位置优势日益凸显、外溢利润效应明显、辐射带动作用功能强大的旅游核心特色产业旅游企业，在扶持政策上对其产业进行了重点政策扶持，帮助其尽快建立一套完善的结合基础性旅游要素产品供给与旅游产业链的配套设施，促使其进一步健康成长并作为整个旅游行业的"独角兽"。

最后，创建了知名品牌。进一步增强了创意设计与其他新时代经济技术应用领域的交叉融合，增强了产品的外观、内涵等各种创意设计，赋予了品牌文化的内涵，提升了产品的品牌价值。建立江苏省品牌信息数据库，利用移动互联网和第三方服务组织机构，集中向消费者宣传和推荐一批具有发展潜力的活动、企业和产品，打造一批江苏省具有特色的新时代经济类产品、企业和集

群性品牌。

六、优化体制机制供给，完善新时代经济增长的服务结构

要想发展一个新的经济，就需要不断完善体制和供给，为江苏省营造一个良好的社会条件。首先，继续深化对政府行为服务方式的改革与创新。聚焦资金支撑新经济发展的核心关键技术攻关、产业链协同、重点应用示范、标准规格制订与服务平台等机构的建立，加快推动综合性、专门领域的产业创新中心建设。

其次，是进一步提升政府的服务水平。清理阻碍企业自主创新发展的制度法规及行业标准，简政放权，减少甚至避开项目申请审批等环节。强化了底线性思维，制定了新经济发展领域产业负面清单，放宽了新经济发展领域中小微企业注册申请条件，提升了新经济领域中小微企业的创新投资效率。

再次，加强了在新经济发展领域对行业的监管和法治保障。进一步加强政府监管，构建以信用为根本、以现代信息技术发展为主要支撑、动态包容审慎性较高的监管制度。加强了对知识产权的保护、专利商标确认、标准化与品牌安全监督与管理、企业并购等领域的地方立法，开展了知识产权综合管理制度改革创新试点，搭建了知识产权分析与评议服务平台。

最后，营造了一种有利于创新的社会氛围。培养了新时期中国企业家的精神，对新经济发展领域中国人创新和企业家的工作进行了宣传激励、物质上和精神上的奖励。

通过广泛的知识教育宣传和信用服务平台体系建设，提升了社会的诚信程度，为新型经济主义企业的成长发展提供了一个全新、开放、包容、诚信的市场经济社会条件。吸引世界范围内的创新性要素向全球集聚，强化新时代经济增长的基础性要素。

第八节　成都市新经济发展五六七发展计划

五大路径

到2022年，成都市将基本形成具有全球竞争力和区域带动力的新经济产业体系，建成最适宜新经济发育成长的新型城市。新经济产值达5000亿元以上，新经济总量指数排名进入全国第一方阵。实现这一目标，需要明确的路径。未来，成都市将以新技术为驱动、以新组织为主体、以新产业为支撑、以新业态为引擎、以新模式为突破。其中，新产业、新业态、新模式是表现形式，新技术、新组织是驱动力量，共同构成集成、协调、系统的新经济发展路径。

第一，坚持以新技术为驱动。聚焦前沿技术，打破转化壁垒，让科技成果尽快转化为现实生产力。力争到2022年科技综合实力进入全国前列，R&D经费支出占比达4.3%左右，科技进步贡献率达67%以上。

第二，坚持以新组织为主体。推动各类创新组织、创新企业迅速成长，培育扶持一批"独角兽"企业，聚集一批新经济领域高端领军人才。力争到2022年全市新经济企业达到10万家以上。其中，"独角兽"企业7家以上，潜在"独角兽"企业60家以上。科技创业者规模突破28万人。

第三，坚持以新产业为支撑。顺应新产业发展趋势，推动工艺流程、产业场景、创意设计和生产要素组合再造，大力发展高新技术产业，打造一批新经济聚集区。力争到2022年高新技术产业增加值占规模以上工业比重达50%

以上，形成电子信息万亿元级产业集群和生物医药、汽车装备、智能制造、轨道交通、节能环保、文化创意6个千亿元级产业集群。

第四，坚持以新业态为引擎。推动信息技术与工业化、城镇化、农业现代化加速融合，建立"互联网+"创新联盟，大力发展互联网金融、精准医疗、互联网教育、IP经济等新业态。力争到2022年电子商务交易规模超过2.2万亿元，大型企业电子商务应用率达100%。

第五，坚持以新模式为突破。加速发展平台服务模式，创新发展共享服务模式，积极引入共享经济企业在蓉设立分支机构。力争到2022年大数据应用更加广泛，共享经济规模显著扩大，打造一批交易额过百亿元的示范平台。

六大新经济形态

目前，全国已形成以北、上、深、杭等城市为引领、部分区域中心城市竞相追赶的新经济发展格局。在此背景下，成都应该发展怎样的新经济形态呢？基于成都资源禀赋、人才储备、产业基础和比较优势，成都市未来将重点发展数字经济、智能经济、绿色经济、创意经济、流量经济、共享经济"六大新经济形态"，构建具有成都特色的新经济产业体系。

要着力发展数字经济。数字经济已成为中国经济提质增效的新变量和传统产业转型增长的"新蓝海"。要加快发展资源型数字产业、技术型数字产业、服务型数字产业。

要着力发展智能经济。要加快推进智能制造，要大力推动智能服务、大力研发智能产品，加快发展脑科学、生物识别、虚拟现实、工业互联网、无人机、增材制造、激光光电、卫星导航等产业。

要着力发展绿色经济。绿色经济是以传统产业经济为基础，以促进经济与环境和谐为目的而发展起来的一种新的经济形态。绿色经济必将成为今后经济发展的新引擎。未来，成都市将推动绿色资源的转化利用，大力发展绿色产业，积极推动绿色生活。

要着力发展创意经济。创意经济是基于智慧性创造，创意产业已经成为现代经济体系中最活跃、最具发展潜力的产业。通过大力促进知识创造、推动创意设计、发展创意体验，建设西部文创中心。

要着力发展流量经济。要提升流量承载力、要提升流量控制力、要提升流量运作力。主动融入"一带一路"，高水平建设国际空港枢纽、国际铁路枢纽、国家级高速公路枢纽，打造全国重要的信息通信节点、数据中心和国际信息港，持续提能蓉欧快铁，建设国际交通信息枢纽和国家门户城市。

要着力发展共享经济。共享经济是利用互联网等现代信息技术整合、分享海量分散化闲置资源，连接、配置最优供需资源的信息经济新形态。未来成都将大力发展生产性、生活性和公共性服务共享经济。

七大应用场景培厚新经济发展市场沃土

脱离应用场景，任何技术和优势都难以转化为现实生产力。因此，成都市提出要大力构建与新经济发展高度契合的多元应用场景，促进新技术推广应用、新业态衍生发展和新模式融合创新。

要大力提升服务实体经济能力。服务实体经济，是发展新经济的重要出发点和落脚点。未来，成都市将重点提升新技术、新模式和新金融服务实体经济能力。

要大力推进智慧城市建设。智慧城市是新经济最为集中的应用场景，未来成都市将着力打造智慧政务，推动智慧出行，建设智慧社区，这将对新经济发展具有显著的带动作用。

要大力推进科技创新创业。通过汇聚创新创业资源，赋能创新创业载体，优化创新创业服务，把科技与人民群众的创造力在更大范围、更深程度、更高层次上融合起来，让创新创业成为城市永续发展的强劲动力。

要大力推进人力资本协同。成都既是人口大市，也是人力资源强市。通过推进人力资本匹配，加强人力资本开发，优化人力资本服务，将加快构建符合城市发展需要的人力资本协同体系，将人力资源优势充分转变为人力资本优势。

要大力推进消费提档升级。成都素有"千年商都"的美誉，在此之下，成都市将发展个性消费，提升消费层次，优化消费环境。着力建设"国际购物天堂"、世界旅游目的地城市、"国际美食之都"，打造互联网时代的"成都服务"和"成都消费"品牌。

要大力推进绿色低碳发展。绿色低碳发展既是时代潮流，也是一场深刻的革命。要牢固树立绿色发展理念，大力培育绿色低碳文化，坚定不移推动生产方式和生活方式变革。要积极推动生产、城市和生活绿色化。

要大力推进现代供应链创新应用。加快供应链与互联网、物联网深度融合，打造大数据支撑、网络化共享、智能化协作的智慧供应链体系，促进产业组织方式、商业模式和政府治理方式创新。着力打造供应链服务平台，推动智慧供应链发展，创新供应链组织模式。

参考文献：

[1] 朝秀云. 中国新经济：前瞻趋势预见未来[M]. 北京：中信出版社，2020.

[2][美]罗宾·蔡斯. 共享经济重构未来商业新模式[M]. 王芮，译. 杭州：浙江人民出版社，2015.

[3][英]保罗·梅森. 新经济的逻辑[M]. 熊海虹，译. 北京：中信出版社，2007.